北京大学中国考古学研究中心稽古系列丛书之二

金道瓷行

商周时期北方地区
印纹硬陶和原始瓷器研究

黎海超　著

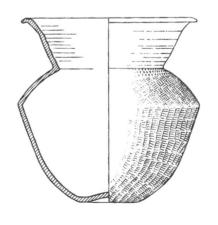

上海古籍出版社

　　本书的出版得到北京大学中国考古学研究中心的资助，研究过程中还得到四川大学一流学科——区域历史与边疆学学科群、中国博士后科学基金项目、教育部人文社会科学研究青年基金西部和边疆地区项目的资助，特此致谢。

目　　录

绪　论

第一节　研究缘起与研究概况

一、研究缘起

印纹硬陶和原始瓷器是区别于普通陶器的两类特殊器物,在商周时期南北方均有出土,而以南方地区居于主体。南方地区出土的印纹硬陶和原始瓷器类型丰富、数量庞大,又多见窑炉证据,可视为南方地区的特征性产品。相对而言,商周时期北方地区出土的印纹硬陶和原始瓷器则数量极为有限,也缺乏烧制基础。因此北方地区出土的这两类器物具备远距离传播的可能性,历来为学界所关注。原始瓷器的发现和研究史几乎与中国现代考古学共同发端、发展,自1929年在殷墟小屯的发掘中便出土有原始瓷器[①]。此后随着原始瓷器在各地的广泛发现,这类特殊遗物逐渐成为学界关注的重点,迄今为止,相关的研究成果已极为丰富。但对以往研究进行系统梳理,仍可发现在若干方面尚有较大缺憾。

首先,以往的研究绝大部分以原始瓷器为研究对象,对于印纹硬陶的关注较少,尤其缺乏关于两类器物关系的系统讨论。笔者认为无论就物理性质而言,还是从文化属性而论,印纹硬陶和原始瓷器都均有密切联系。两类器物的烧成温度均在1 200℃左右,陶坯采用氧化铝含量较高而氧化铁含量较低的瓷土制作,硬度在5度左右,吸水率在3%以下。当然原始瓷器表面施釉的特征不见于印纹硬陶器。从出土背景来看,商周时期北方地区发现的印纹硬陶器也有不少出于高等级墓葬者。因此在研究原始瓷器时,有必要将印纹硬陶器一并分析,并系统论述两者在类型、使用、来源上的异同。当然除印纹硬陶和原始瓷器的关系需要关注外,这两类器物与普通陶器、白

[①] 李济:《民国十八年秋季发掘殷虚之经过及其重要发现》,《安阳发掘报告》第二期,中研院历史语言研究所,1930年。

陶,甚至铜器、漆器等其他器物的关联也是重要论题。这些器物在器形、纹饰、工艺、等级以及组合上的关系对于理解印纹硬陶和原始瓷器的来源、文化属性均有重要意义。

其次,就研究内容而言,以往绝大部分的研究均集中在北方地区原始瓷器产地问题的探讨。北方地区原始瓷器是产于南方还是中原自制成为学者们争论的焦点。这种针对特定问题的过度关注趋向使得相关研究极不平衡。事实上,即便是对于产地问题的探讨,也鲜有学者能对材料做系统的收集、梳理,基础工作仍显不足。在原始瓷器的研究历程中,似乎学术争论本身让人更为热衷,从而导致基础性研究的缺失。这也是中国考古学学术史中的一个饶有趣味的案例。

近年来,随着考古资料的丰富,越来越多的学者倾向于"南方说",并有学者认为相关问题也不再具有讨论意义。但笔者认为无论"南方说"还是"本地说"在未系统梳理材料之前均只能称为倾向性意见,而无法成为学术研究结论。众所周知,南方地区地缘广阔,有着烧制印纹硬陶、原始瓷器的悠久历史。但南方地区在不同时期、不同区域均显示出复杂的考古学文化面貌,印纹硬陶和原始瓷器的类型和生产体系也可能存在区域性差异。因此单一的"南方说"在面对这些复杂情形时显然过于简单。同样的,产地问题的核心是北方地区印纹硬陶和原始瓷器,但在商周时期北方地区跨度如此之大的时空范围内,北方地区出土的这些器物在不同阶段有何变化,又是否具有区域性特征,这些均是尚未解决的问题。更为细节的问题包括,若是北方原始瓷器来源于南方,那具体采取了怎样的获取方式? 比如是否有可能在不同地点选取特定器形的器物。运往北方的原始瓷器是选自南方当地自用的大宗产品,还是如后世官窑一般采取定制模式? 类似诸多问题均需要探索。

最后,也是最为重要的一点是研究目标、意义深化不足。目前关于北方地区原始瓷器大部分的研究成果均以产地问题为研究目标。但事实上,确定产地来源仅仅是对于具体现象的揭示,而现象背后的动因才是我们讨论这一问题更为重要的意义。这也是目前物料溯源研究中的普遍问题。正如我们探索铜器的生产地点、金属原料的矿山来源,也不应将研究目标局限于具体地点的确定。依据溯源研究的结论,复原铜器以及金属原料的生产模式、流通路线,在此基础上进一步探索社会、经济组织,政治、礼制制度,才能达到透物见人的目的。具体到商周时期北方地区的原始瓷器来说,目前倾向性的意见是来源于南方地区。若该结论成立,那我们需要进一步思考以下问题:

南方原始瓷器输出地点的考古学文化属性、族群属性是什么,其与中原王朝有怎样的关系？

　　在原始瓷器的南北流通路线上，是否仅有原始瓷器一种资源？其他资源如铜料资源与原始瓷器有怎样的关联？

　　这种南北长距离的资源流通分别对中原王朝和南方族群形成了怎样的影响？中原王朝以及南方族群的内部变化与原始瓷器资源的流通之间是否有互为影响的因素？

　　原始瓷器是以怎样的性质运至北方，是南方单纯的贡赋，还是某种意义的互换活动？若是互换活动，北方反馈南方什么资源？

　　……

　　类似的问题尚有不少，笔者认为对于北方地区印纹硬陶和原始瓷器的流通需要在"资源与社会"、"中心与周边"、"贸易与互换"三个概念下进行深化讨论。"资源与社会"是考古学的重要议题，也是物料溯源、流通研究的关键视角。目前此类研究尚少，关于商周时期资源流通的讨论集中于矿料资源，但仍未有系统、确定的结论，对于资源与社会关系的探讨更无从深入。事实上，商周时期可能出现的资源流通现象并不少见。仅以晚商时期为例，除矿料资源外，还涉及铜器产品、海贝、龟甲、车马等，甚至工匠或铜器生产技术这类特殊资源也可能存在流动。这些资源多数与礼制系统密切相关，其流通过程必然是当时社会的重要内容。同样的，印纹硬陶和原始瓷器若存在流通现象，那么这种流通对于中原王朝又发挥着怎样的意义，这两类特殊器物在资源流通网络中处于何种地位均是值得探索的问题。

　　从"中心与周边"的视角来讨论北方地区印纹硬陶和原始瓷器流通的背景是本书关注的另一重点。目前学界普遍的意见是原始瓷器的来源地当在南方，处于中原文化系统之外。那么中原王朝与来源地文化的关系便值得讨论。另外，商周王朝内部政局多有变化，其与南方各族群的关系也并不稳固。中原与周边关系的变化在印纹硬陶和原始瓷器上又有怎样的表现。或者反之，印纹硬陶和原始瓷器流通的变化是否能反映两地关系的改变。这一视角对于从考古学文化、文献的证据之外来理解王朝格局有着积极意义。

　　至于商周时期的"贸易（Trade）与互换（Exchange）"这一议题国内学界尚未给予足够重视，特别是关于早期阶段的研究。似乎商周礼制社会这一属性暗示了"贸易"的缺失。当然笔者也并不认为原始瓷器可能的流通属于"贸易"的范畴，但不得不说相关探讨的缺乏造成学界在关注相关问题时容易形成思维局限。另外，互换与贸易概念不同，西方学者相关的理论探讨较多，如美国人类学家 Karl Polanyi 建立了三种互换模型：

互惠式（Reciprocity）、再分配式（Redistribution），以及市场式互换（Market exchange）①。我们在讨论中国早期的互换或贸易模式时，虽不必去对应套装上述某个模型，但相关的理论探讨却不可缺少。希望本书关于印纹硬陶和原始瓷器的讨论可以丰富相关内容。

综上而言，笔者期望通过对北方地区印纹硬陶和原始瓷器的个案研究，丰富物料溯源、流通研究的理论、方法。当然上述提出的若干问题可能在现有条件下无法给出定论。但以探索社会为目标的研究取向却是必需的。本书将在确立产地的基础之上，进一步研究流通路线、流通方式、流通动因等深层次问题，理解原始瓷器在商周南北资源流通大背景下的意义，由此管窥中原王朝与周边文化的关系。解决这些问题的基础是对南北各地出土材料的类型分布、区域性特征、器用制度、等级意义等内容做深入研究，再全面对比南北各地的材料（图 0.1）。然而上述方面的基础性研究仍极为缺乏，研究深度也远远不够，这些均是笔者对北方地区印纹硬陶和原始瓷器进行再研究的重要原因。

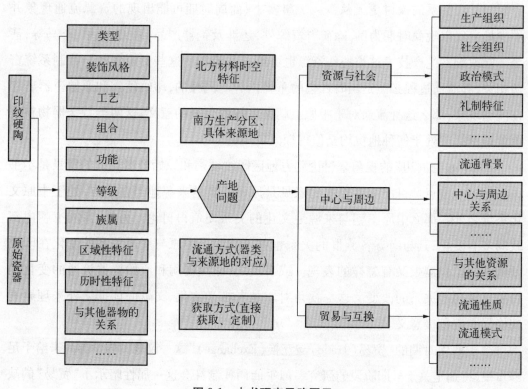

图 0.1　本书研究思路图示

---

① Polanyi, K., Arensberg, M., & Pearson, H. (eds.). *Trade and Market in the Early Empires*, Free Press: Glencoe, IL, 1957.

二、研究概况

关于原始瓷器产地问题的讨论是以往研究的主要内容。针对这一问题，传统的考古学家和科技考古学者均着力颇多，视角和方法各异，结论分歧也较大。除产地问题外，一些学者对于原始瓷器的起源、发展以及区域性特征等问题也进行了若干研究。以下结合研究主题分类说明。

1. 产地问题

北方地区出土的商周时期印纹硬陶和原始瓷器的产地问题一直是学术界讨论的焦点。在该问题的研究中，传统考古学家与科技考古学者研究方法各异，迄今尚未形成一致意见。总体而言，目前学界主要存在三种观点："北方本地生产说"、"南方来源说"以及"多产地说"。由于研究成果数量较多，此处仅对代表性成果做简要评述。

以安金槐先生为代表的一些考古学家认为北方地区出土的商时期印纹硬陶和原始瓷器为本地生产。安金槐先生先后发表《谈谈郑州商代瓷器的几个问题》[①]及《谈谈郑州商代的几何印纹硬陶》[②]两篇文章讨论郑州出土的商时期印纹硬陶和原始瓷器的产地问题。他认为郑州出土的瓷器流行圜底等形制特征符合当地陶器特点，而器物纹饰也是当地陶器常见纹饰。从风格来看，与南方吴城等遗址所出土的原始瓷器差异较大。另外他提出的最主要的证据是紫荆山北窖穴 C15H5：113 出土的一件印纹硬陶罐在器表有"许多烧胀的气泡和烧裂的痕迹"，应为烧制时的残品，而从东南沿海运送残品到郑州显然不可能。这种表述似乎是目前考古学家提出的"本地说"的主要证据之一。但笔者认为对待这一材料需持谨慎态度。首先，若这件器物为烧残的废品，那么应当不会作为成品使用，出土地点应在灰坑或窑址中较为合理。但事实上这件硬陶尊出土于窖穴中，其被正常使用的可能性较大。其次，气泡、裂纹等现象在印纹硬陶发展的早期阶段较为常见，在南方屯溪西周墓中出土的完整的原始瓷器上也常见气泡、烧流等现象，对于产品缺陷和残品之间的界定还需更多讨论。因此上述论断仍有进一步讨论的空间。

李科友、彭适凡两位先生从其他角度出发，同样支持"北方本地生产说"[③]。他们以江西吴城、河南郑州二里岗、安阳殷墟、陕西长安张家坡、安徽屯溪等地出土的原始

---

① 安金槐：《谈谈郑州商代瓷器的几个问题》，《文物》1960 年第 8、9 期合刊。
② 安金槐：《谈谈郑州商代的几何印纹硬陶》，《考古》1960 年第 8 期。
③ 李科友、彭适凡：《略论江西吴城商代原始瓷器》，《文物》1975 年第 7 期。

瓷器为对象,从釉质釉色、器物造型以及化学组成、烧成温度等方面着手进行全面对比。结论认为吴城原始瓷器与二里岗原始瓷器在器形上存在差别,釉色也不一致,当时南北各地的原始瓷器都应该是在当地各自烧造的,而南北方的差别属于各地的区域性特征。将器物造型、烧制技术等信息综合考虑的视角具有启发性,但论证中所选择的材料年代跨度较大。笔者认为原始瓷器在不同时段具有显著变化,在研究中需要分时段进行讨论。另外,笔者同样认为南北方材料的差别不能作为产地不同的绝对依据,两地材料的相同之处更具参考意义。因为即便北方原始瓷器产自南方地区也不意味着南北两地的原始瓷器完全相同。考虑到南方地区原始瓷器使用广泛、类型多样,不能排除北方地区人群仅选取南方部分原始瓷器的情况,如此则两地差异仍十分明显。总的来说,"北方本地生产说"若要立论还需要更为坚实、有力的证据。

相对于"北方地区本地生产说",更多的科技考古学者认为北方地区出土的商周时期印纹硬陶和原始瓷器来源于南方地区。但对于具体的来源地,不同学者也存在分歧。20 世纪 60 年代周仁等先生发表《张家坡西周居住遗址陶瓷碎片的研究》一文,堪称"南方来源说"代表性成果[1]。在文中周仁等先生将张家坡出土的西周原始瓷器与安徽屯溪出土的西周原始瓷器进行对比,对原始瓷的原料成分做了科学测试。他们发现张家坡出土的原始瓷器与屯溪出土的原始瓷器在化学成分上接近,由此认为北方发现的原始瓷器产于南方。虽然这篇文章只涉及西周时期张家坡出土原始瓷器的产地问题,但该项研究有力地推动了学术界对北方地区原始瓷器产地问题的研究。在周仁先生之后许多学者都以科技手段讨论产地问题。

罗宏杰等先生在讨论原始瓷器产地问题时指出:商时期北方地区原始瓷器的纹饰基本都属于江南的几何印纹体系,另外吴城等南方遗址出土的原始瓷片在陶瓷片总数中所占的比例要远高于北方遗址[2]。结合这些情况并进一步对南北方出土的原始瓷器的化学组成、工艺基础进行对比,最终他们认为北方出土的原始瓷器应是在南方烧造。该研究从考古资料出发,结合科技分析和工艺研究,其基本思路可作为类似研究的参照。但文中选取的标本分别是新石器晚期至东汉时期陶器、原始瓷器以及唐代以前的瓷器。所选样品的时空范围略显宽泛、材料也种类各异,使得考古背景信息相应减弱。虽然结论能够反映一定的地域性差别,但原始瓷器在不同时空范畴中的复杂变化则未能揭示。

---

① 周仁、李家治、郑永圃:《张家坡西周居住遗址陶瓷碎片的研究》,《考古》1960 年第 9 期。
② 罗宏杰、李家治、高力明:《北方出土原始瓷烧造地区的研究》,《硅酸盐学报》1996 年第 3 期。

陈铁梅等先生采用中子活化分析的方法对商时期原始瓷的产地问题进行了研究[1]。中子活化分析方法的优点是测量灵敏度极高，并能对各种微量元素和痕量元素进行处理。他们选取的样本比较丰富，包括不同区域的共 32 片原始瓷片。该文得出的结论比较谨慎，认为商代各遗址出土的原始瓷器可能是由南方某地区生产的，而这一地区可能是吴城及其邻近地区。但并不排除其他地方也试图生产，甚至成功生产出少量原始瓷器的可能性。通过对盘龙城样品的研究，他们认为盘龙城样品应为盘龙城本地生产，并推测盘龙城曾同时使用由吴城地区输入和本地烧制的原始瓷器。

2003 年，陈铁梅、Rapp G.Jr.、荆志淳三位先生在之前工作的基础上，扩大采集样品的时空范围。除之前收入的商前期的样品外，又新增加了小双桥、安阳、周原、琉璃河、张家坡 5 个遗址的样品，以此观察商晚期和西周时期的原始瓷器产地是否发生变化[2]。此次研究表明商周时期原始瓷器为南方生产。他们还认为从殷墟晚期开始，除吴城地区外，南方地区出现了新的原始瓷器生产供应地点。文中提到帝乙、帝辛时期原始瓷器的供应地发生了变化，与此相关的是金正耀先生曾对三代青铜器中铅同位素比值进行过大量测量，并发现殷墟四期时铜器的铅同位素数据同样发生了很大变化，由此指向铅料来源的变化。陈铁梅等先生认为原始瓷器和青铜矿料来源在殷墟四期同时发生的变化可能是因为帝乙、帝辛时期商王朝内外交困，丧失了对一些南方方国的控制，从而不得不寻找新的原始瓷器和青铜矿料来源。结合考古材料来看，陈铁梅等先生的观点较为谨慎，符合考古学逻辑。将原始瓷器作为资源，并结合金属资源考虑资源流通与王朝政治的关联，无论其结论是否可靠，这一视角对于研究印纹硬陶和原始瓷器颇具启发性。

"多产地说"可以王昌燧先生研究团队的成果为代表。他们运用电感耦合等离子体发射光谱(ICP-AES)法，测定了商周时期南北方多地原始瓷器瓷胎中的微量、痕量元素，并通过多元统计分析方法讨论产地问题[3]。他们认为郑州商城的绝大部分样品微量、痕量元素相近，但与其他地区的原始瓷器区别明显，因此不支持北方出土的商代原始瓷器来源于南方的观点。另外不同地区的原始瓷器数据基本能各自聚为一类，暗示了我国古代原始瓷器具有多个产地。该项研究选取的样品包括吴城遗址出

① 陈铁梅、Rapp G.Jr.、荆志淳、何驽：《中子活化分析对商时期原始瓷产地的研究》，《考古》1997 年第 7 期。
② 陈铁梅、Rapp G.Jr.、荆志淳：《商周时期原始瓷的中子活化分析及相关问题讨论》，《考古》2003 年第 7 期。
③ 朱剑、王昌燧等：《商周原始瓷产地的再分析》，《南方文物》2004 年第 1 期；王昌燧、朱剑、朱铁权：《原始瓷产地研究之启示》，《中国文物报》2006 年 1 月 6 日第 007 版。

土的原始瓷器和印纹硬陶,以及浙江黄梅山遗址、安徽枞阳汤家墩遗址、山西垣曲遗址、郑州商城遗址出土的原始瓷片。仔细分析这些样品的来源,可以发现该项研究所选样品略显失衡。北方地区的材料仅选用郑州商城和垣曲的6片原始瓷片,两地文化性质相同,难以反映文化差别。其余样品都采自南方不同地区,且年代背景尚有讨论空间。学术界普遍认为南方不同地区都具有独立生产印纹硬陶和原始瓷器的能力,且很可能存在区域性特征,因此在这样的选样标准下很容易出现"多产地"的现象。这种观点若要成立,还需建立更符合考古背景的选样标准。

总的来说,科技考古学者在讨论产地问题中使用了各类科技手段,且测量方法呈现出精确化、多样化的发展趋势。起初以周仁先生为代表的一些学者采用的研究方法是测量主量元素并进行对比,如 Al、Si、Fe、Ca 等。近年来微量元素和痕量元素如 Ba、La、U、Th 等成为越来越重要的参考标准。同样是元素分析,具体的测量方法也不尽相同。如陈铁梅等先生采用的是中子活化分析的方法,王昌燧等先生使用了电感耦合等离子体发射光谱(ICP‑AES)等技术。但大部分科技考古研究的基本思路是对比南北方原始瓷器的成分异同。尽管思路相同,但所得结论却分歧较大。究其原因,笔者认为主要在于研究中选样标准的差异。原始瓷器的产地是一个复杂的问题,这个问题的提出应当更为细节化、具体化。不同时期的原始瓷器可能产地各有不同。因此在采样时应当选取同一时段内不同考古学文化类型、不同区域、不同器类的材料进行研究,充分考虑器物的考古学背景,由此才能准确、深入地讨论产地问题。

综上所述,"北方本地生产说"和"多产地说"在论据和论证方法上仍略显不足。"南方来源说"的研究成果中,有的研究存在一些问题,也有结论令人信服的成果。但是单纯的"南方来源说"显然不能作为产地问题的最终结论。以前人的研究为基础,从考古材料出发,提出考古问题,再综合利用科技分析结论当是探索产地问题的最佳途径。

2. 起源与性质

瓷器是中国古代标志性的物质遗存。原始瓷器作为瓷器出现的最初形态涉及瓷器起源的一系列问题。因此学界对于原始瓷器的起源、发展过程及其本身的性质多有探讨。由于普通陶器、印纹硬陶器等器物发展历史早于瓷器,几类器物之间又有显而易见的联系,因此多数学者通过分析几类器物的关系及逻辑发展序列来讨论原始瓷器的起源及性质。

从性质来看,普通陶器与原始瓷器的差别显著,研究者多自然将两类器物分开进行研究。印纹硬陶器和原始瓷器物理性质相近,但对于两者的关系极少有专门讨论。多数学者忽略印纹硬陶器,或者认为两类器物的差别仅在于施釉与否,因此在研究过程中极少有学者能将两类器物分开各做探讨。但事实上除物理属性外,我们应更多地考虑这两类器物文化属性的异同,这些都需要专门的论证。

就起源问题而言,多数学者认为几类器物之间存在某种逻辑发展序列。安金槐先生认为原始瓷器最初是由白陶发展成几何印纹硬陶再发展成原始瓷器的[①]。冯先铭先生主张"瓷器是陶器发展的必然结果"[②]。刘毅先生在研究中指出:陶器和瓷器从商周时期开始形成两个不同的发展序列,二者各自发展,互有影响,且年代越晚,其关系越疏远。二者的联结点是特殊的陶器——印纹硬陶。对于印纹硬陶和原始瓷器的发展过程,他认为印纹硬陶出现的时间在新石器时代晚期,大约距今 4 000 年,首先出现在中国长江流域。战国以后,印纹硬陶逐渐走向衰落,到东汉晚期彻底为瓷器所取代[③]。

中国硅酸盐学会编著的《中国古陶瓷论文集》中对这个问题有如下阐释[④]:由陶发展到瓷,中间存在着一个发展和提高的阶段,商代至东汉的青釉器应称为"原始瓷器",因为"原始瓷"无论在化学组成和物理性能上都已接近于瓷而不同于陶,所以对于这类器物就不能再称为釉陶。

孙新民和孙锦先生在《河南地区出土原始瓷的初步研究》一文中提出原始瓷器是在长期烧制白陶和印纹硬陶的基础上,不断改进瓷土原料的选择与处理,提高烧成温度并改进器表施釉等工艺而创造出来的[⑤]。

与多数学者的认识不同,郭仁先生主张陶器与瓷器有着本质的差别,各自有自身发展的轨迹,所以他认为陶器不会发展成瓷器[⑥]。

综合以上学者的意见,可知多数学者认为陶器、印纹硬陶器、原始瓷器之间可能具有某种演变序列。这种观点的产生或是由于几类器物出现的年代早晚有别,技术要求也有高有低,由此自然会产生一种逻辑发展的印象。但事实上这一问题可能极为复杂,需要具体到不同时空范围内各做考虑。笔者认为从文化属性出发,讨论几类

① 安金槐:《对于我国原始瓷器起源问题的探讨》,《中国古陶瓷研究现状及展望》,《中国陶瓷工业》杂志社、中国古陶瓷研究会,1994 年。
② 冯先铭:《我国陶瓷发展中的几个问题——从中国出土文物展览陶瓷展品谈起》,《文物》1973 年第 7 期。
③ 刘毅:《商周印纹硬陶与原始瓷器研究》,《华夏考古》2003 年第 3 期。
④ 中国硅酸盐学会:《中国古陶瓷论文集》,文物出版社,1982 年。
⑤ 孙新民、孙锦:《河南地区出土原始瓷的初步研究》,《东方博物》2008 年第 4 期。
⑥ 郭仁:《关于青瓷与白瓷的起源》,《文物》1959 年第 6 期。

器物在类型、使用上的异同有助于从另一角度理解几类器物的关系和发展过程。

3. 分期、分区研究

目前学界专门以印纹硬陶为对象的研究仍然较少,更缺乏专门的分期、分区研究成果。但讨论原始瓷器的分期、分区问题则已有若干成果。郑建明先生曾对商代南北各地的原始瓷器进行了分区和分期研究。他共分为东南地区、北方地区、长江中游地区、粤东闽南地区四个区域,并将东南地区和北方地区的原始瓷器各自分为五期,认为两地之间存在密切关联。东南地区被初步定为商代原始瓷器的生产和使用中心[①]。

杨楠先生曾对商周时期原始瓷器的区域性特征[②]进行过深入研究。他把北方地区出土的原始瓷器划分为四期,南方地区的原始瓷器划分为六期。在论述原始瓷器的区域性特征时,他将原始瓷器分为三大类,其中 B 类又分四种因素。每一类原始瓷器都存在于特定的时空范围内。A 类原始瓷器在南北方都有发现,年代属于商代末期至西周中期。B 类原始瓷器主要流行于南方地区,在北方地区则极少发现。C 类原始瓷器基本分布于商代前期至西周时期的北方地区,南方地区仅有相同或相似器物的发现。他还对不同区域间的文化关系进行了探讨。C 类原始瓷器只在盘龙城、吴城等与商文化关系密切的地点出现,所以这类原始瓷器可能本来就产生于商文化之中,而并不属于南方原始瓷器的系统。西周后期到春秋战国时期,南方地区的原始瓷器表现为空前的统一性和更加突出的区域性特征。此时原始瓷器在南方地区的发展几乎达到了鼎盛时期,而在北方地区则几乎绝迹。这种对南北原始瓷器发展状态的阐述较为准确,将器物的文化属性纳入研究中也颇具启发意义。

尽管缺乏针对印纹硬陶的专门分期、分区研究,但以"几何形印纹陶"的概念讨论南方"几何形印纹陶"遗存的分期、分区问题则由来已久。比如李伯谦先生就做过该课题的研究工作[③]。1978 年在江西庐山还专门召开过"江南地区印纹陶问题学术讨论会"。但上述研究的主体——"几何形印纹陶"实际涵盖的范畴较广,包括印纹硬陶、印纹软陶以及原始瓷器。这类研究主要属于考古学文化的分区、分期研究,与专门针对印纹硬陶和原始瓷器的器物研究有较大差异。

关于印纹硬陶和原始瓷器的研究不局限于以上所述,但主要方面大体如此。纵

---

① 郑建明:《商代原始瓷分区与分期略论》,《东南文化》2012 年第 2 期。
② 杨楠:《论商周时期原始瓷器的区域性特征》,《文物》2000 年第 3 期。
③ 李伯谦:《我国南方几何形印纹陶遗存的分区、分期及其有关问题》,《北京大学学报》(哲学社会科学版) 1981 年第 1 期。

观印纹硬陶和原始瓷器的研究历程,可以看到前人在取得丰硕成果的同时,仍有许多问题留有较大的讨论空间。首先,在诸多的研究成果中,能系统收集材料并运用考古类型学的方法进行分析的研究案例较少。不少学者在讨论产地问题时只是简单地列举各地器类的异同之处,缺乏客观的对比标准。类型学是考古学的基本理论方法之一,只有采用类型学的方法系统地分析材料,才能对印纹硬陶和原始瓷器的发展、演变状态有正确的认识,才能为区域性研究提供科学的对比标准。

其次,研究内容主要集中在产地问题的讨论。产地问题固然重要,但在器物类型、分布、功能、等级等基本性研究缺乏的情况下,产地问题的讨论也无法深入。目前的研究成果中,也鲜有对器物的出土背景做全面分析者。多数学者认为原始瓷器多出土于高等级墓葬中,却对于墓葬的具体情况未做进一步讨论。对于非墓葬出土的例子也关注较少。另外,以往的研究大部分都是关于原始瓷器的成果,与之关系密切的印纹硬陶器仍亟待研究。

就研究方法而言,从考古学分析出发,对比器物的类型、釉色、工艺,并以科技手段分析原料的异同已经逐渐成为讨论产地问题的明确思路。但不少科技考古的研究成果与考古背景有所脱节,从而使结论也留下讨论空间。这提示我们利用科技手段当以考古学问题为导向,以器物考古背景为基础,针对性地设计解决方法。

总体而言,尽管针对北方地区印纹硬陶和原始瓷器的研究成果已经极多,但许多基本性问题仍未解决。系统地收集材料,进行多角度的考古学研究具有必要性。本书拟在前人研究的基础上,致力于北方地区印纹硬陶和原始瓷器的基础性研究,并尝试将研究深化。

第二节　研究对象、范围、目的与方法

一、研究对象和范围

1. 研究对象及资料概况

本书以北方地区商周时期的印纹硬陶和原始瓷器为研究对象。这两类器物与普通陶器、釉陶均有不同,差别主要体现在原料、烧成温度和物理性能三个方面。一般来说,普通陶器多以普通粘土为原料,烧成温度在1000℃以下,硬度较低,吸水率则较高。相较而言,印纹硬陶和原始瓷器的烧成温度均在1200℃左右,陶坯多采用瓷土、高岭土制作,硬度在 5 度左右,吸水率在 3% 上下。印纹硬陶和原始瓷器表明的差别主要在于施釉与否。釉陶与原始瓷器均在器表施釉,但釉陶烧成温度较低,实际上是器表施釉的陶器。

由于发掘者的认识水平存在差异,考古发掘报告中对于原始瓷器和印纹硬陶多有不同命名。早期考古报告中有不少定名为釉陶的器物,其器形、装饰与原始瓷器完全一致,实际当为原始瓷器。也有少数发表材料中将原始瓷器归入硬陶器范畴,但根据器物描述可知器表施釉。笔者在收集原始瓷器材料时,注意结合器形、胎釉特征将以上材料也纳入研究中。至于近年发表的考古资料中则多以原始瓷器统一命名。根据笔者的实际调查、研究,商周时期北方各地出土的带釉器物绝大部分火候较高,属原始瓷器范畴,与釉陶差异明显。

另外,文中讨论也涉及南方地区的材料。南方各地普遍流行印纹陶器,因此在学界流行"印纹陶"的概念。这一概念内涵复杂,不同的研究者所谓"印纹陶"的概念也有所不同。多数学者将印纹硬陶和印纹软陶统称为"印纹陶",笔者在收集材料的过程中根据材料的细节描述等信息进行了筛选,对于特征明显不符合研究对象的材料予以剔除。

依照上述标准,笔者对商周时期以北方为中心的各地印纹硬陶和原始瓷器资料进行了全面、系统的收集。由于遗址保存状况和报告编写年代各有差异,不同报告对于材料发表的详尽程度不一,基本上可将全部材料分为四类。第一类材料可参考的信息最为有限,报告仅以简略的语言提及遗址中分布有印纹硬陶或原始瓷器,具体的器类无从得知。以尹郭村南区和北区遗址为代表。第二类材料中,报告对出土材料的主要器类进行了简单说明,但器形特征、出土数量不明,这类情况以济南大辛庄遗址为代表。第三类材料信息相对完整,包括具体的器类和数量均有说明,但材料多属较小残片,在研究中的作用有限。第四类材料信息最为全面,是本书进行类型学分析、开展对比研究的主要材料来源。这类材料包括完整器和保留有器物主要特征的基本完整器物。除第四类材料外,其他几类材料均无图像发表。笔者在第四类材料中选取出土层位明确、年代确定的材料进行类型学分析。其他几类材料对于讨论印纹硬陶和原始瓷器的分布范围、区域性特征等问题也必不可少。

2. 研究的时空范畴

本书关注的核心对象是商周时期北方地区出土的印纹硬陶和原始瓷器及其与南方同类材料的关联。根据目前的考古资料,北方地区商时期的印纹硬陶和原始瓷器材料均有一定数量的发现。但到西周时期,北方各地仍出土原始瓷器,印纹硬陶器则较为少见。因此本书对西周时期的研究着重于原始瓷器的探讨。到东周时期,北方地区印纹硬陶和原始瓷器的发现已是个例,本书不再做专门讨论。

因此,本书研究的时间范畴集中在商至西周时期,其中对西周时期的研究集中于原始瓷器的探讨。空间范围则涵盖以黄河流域为中心的北方地区和长江流域为中心的南方地区。需要说明的是,本书研究虽然涉及南北各地的材料,但研究重心仍是北方地区,重点考察北方地区出土印纹硬陶和原始瓷器的类型、等级、组合、产地等问题。对于南方材料的研究仅作为辅助,目的在于讨论其与北方地区的关联。因此本书实际上不涉及对南方地区材料系统的分期、分区以及考古学背景分析等研究。南方地区印纹硬陶和原始瓷器的材料在长江中游、下游发现较为丰富,而以东南地区为中心。东南地区与北方地区同类材料的关系是本书研究的重点。

至于本书采用的分期体系,商时期采用早商、中商、晚商的划分方法[①],西周时期则根据主流意见采用早、中、晚三期的分期方法。据笔者初步的观察和研究,北方地区出土的印纹硬陶和原始瓷器多随时代而有明显变化。为考察这种变化的阶段性特征,笔者结合文化分期对材料分阶段进行研究,并注意考察文化分期与器物变化间的关联。

二、研究目的与方法

如前所述,以往研究多集中于北方地区原始瓷器产地问题的探讨,从而造成基础性研究的缺乏。另外对于印纹硬陶器的关注也明显不足。笔者认为对产地问题的讨论应当以基础性研究为前提,而印纹硬陶器与原始瓷器关系密切,也需要纳入研究范畴中。因此本书研究的基本目的是将印纹硬陶器和原始瓷器共同纳入研究中,具体讨论两者间的关系,分析两类器物的类型、组合、功能、等级、区域性特征、发展过程等问题。通过与南方材料的全面对比来解决产地问题,并对可能存在的器物流通的内涵和文化背景进行阐释。

针对以上目标,本书针对性地设计了一系列的研究方法。首先,针对印纹硬陶和原始瓷器关系的讨论,由于北方地区西周时期极少出土原始瓷器,因此这一课题特定于北方地区商时期印纹硬陶和原始瓷器关系的研究。尽管两类器物物理性质相近,

---

① 唐际根:《中商文化研究》,《考古学报》1999 年第 4 期。

但其文化属性是否相同是值得探索的问题。北方地区商时期的墓葬中,两类器物均有出土,那么两者是否代表了不同的含义、具有不同的器用制度是我们需要讨论的。分析这些问题首要的一步便是将印纹硬陶和原始瓷器分开各做研究,再进行全面对比。具体来说,需要讨论两类器物的器形是否完全重合抑或区别显著,两类器物的出土背景有何异同,两类器物的区域分布和发展过程是否一致等。除了上述关于文化背景的分析外,还需进一步研究两类器物的产地来源是否一致。因此将印纹硬陶和原始瓷器分开讨论是本书研究的前提。

在将两类器物分开的前提下,从多个角度讨论两类器物的文化属性是本书研究的主要内容。这一工作则需要以明确的年代学标尺作为基础。北方地区的印纹硬陶和原始瓷器多出土于高等级墓葬中,同单位共存的其他遗物较为丰富,因此年代往往较为明确。目前商周时期北方地区的考古学文化序列已经较为完善,本书对于印纹硬陶和原始瓷器年代的判定主要参考发掘报告的意见,并结合同单位其他遗物的特征进行检验、调整。总的来说,北方地区的印纹硬陶和原始瓷器多具明确的年代背景,这为器物文化属性的讨论提供了基础。

在关于器物文化属性的讨论中,通过类型学分析了解器物的类型特征当是首要的工作。需要说明的是,本书进行类型学分析并非是为解决年代问题。传统类型学分析多对遗物进行分型、定式、分段、分期的研究。我们认为类型学作为一种科学的研究方法可依据具体研究问题来做更为灵活的运用。比如在本书的研究中,利用类型学的主要目的是了解器物的类型特征,通过类型学分析结果研究器物是否具有区域性特征,并为各地材料建立统一的对比平台。假设北方地区的印纹硬陶或原始瓷器不存在区域性特征,各地材料极为统一,这表明北方地区的材料可能有着较为统一的来源。反之若北方各地器物各具区域特征,则需要对器物来源做更为复杂的考虑,讨论产地问题也不可以"北方"的笼统概念进行研究,而需分区域进行考察。这里在依据类型学分析结果进行分区研究时需要特别区分"类型分区"和"生产分区"的概念。笔者认为"类型分区"反映的只是器物类型的分布状态,而"生产分区"的意义在于区分区域间是否存在器物生产体系的差异。这两个概念有所区别,不可简单等同。一般来说,当不同的考古学文化分属于器物的不同"类型分区",这种类型差异可能反映的是生产体系的差异。也就是说,不同文化的人群在区域内生产具有本地特征的器物是符合逻辑的。但若在同一考古学文化范围内出现器物的不同"类型分区",则其中含义可能较为复杂,并不一定与生产体系相关。因此在实际研究中,需要注意区分两个概念的差异。

另外借助类型学分析结果,还可了解器物的历时性演变过程,这同样有助于研究。例如一个地区的原始瓷器是否具有连续、稳定的演变状态可从侧面反映其生产来源。一般来说,本地生产的器物通常演变过程更为连续,而外来产品则可能受到产品来源地及流通路线中多重因素的影响而表现出不同的演变状态。特别是对于可能的流通起点和终点的材料,观察器物的历时性变化过程是否一致也是判断流通现象存在与否的一项依据。

在类型学分析的基础之上,笔者将进一步扩展区域性研究。除了考虑各地材料的"类型分区"和"生产分区"等问题外,还要囊括器形不明的碎片资料,关注印纹硬陶和原始瓷器的空间分布特征。尤其要关注北方地区出土的印纹硬陶和原始瓷器是否在中原文化圈之外也有分布。比如若印纹硬陶和原始瓷器的分布范围只与商文化的分布范围相同,并与商文化范围的变动保持一致,那表面两类器物可能与商文化间具有特定的对应关系,而未被其他人群所使用。

对于印纹硬陶和原始瓷器的组合、功能、等级、族群属性等问题则需要结合器物的出土背景做进一步研究。一般来说印纹硬陶和原始瓷器多出于高等级墓葬中,背景信息丰富。本书对器物在墓葬中的出土位置、随葬组合、与其他遗物的关联、墓葬的等级属性、族群属性等方面均做了全面观察。除了出土单位的分析外,笔者认为关注出土地点的性质也较为重要。遗物出土于都邑类遗址、高等级遗址和普通遗址显然代表了不同含义。

除以上角度的分析外,笔者还进行了一些个案研究。比如对普通陶器与印纹硬陶和原始瓷器的关系的探讨。关于这一问题,一方面需要观察当地普通陶器与印纹硬陶和原始瓷器之间是否存在仿制现象。在这一问题上仿铜陶礼器和青铜礼器之间的关系为我们提供了可参考的例子。我们知道仿铜陶礼器是仿照青铜礼器而制造的一类特殊器物,反映了一种特殊的文化现象。那么是否存在仿制印纹硬陶和原始瓷器的普通陶器也是需要关注的问题。反之,如果印纹硬陶和原始瓷器存在仿制当地普通陶器的现象,则表明两类遗物应具有当地的文化属性。另一方面,还可结合印纹硬陶和原始瓷器的类型学分析结果,观察这两类器物的演变规律是否与本地同类型普通陶器的演变规律一致。

由于材料和客观条件所限,一些重要的研究角度无法涵盖在本书中。例如对制作技术的讨论缺乏相关发表资料而无法进行。本应当在南北各地分时段、按区域进行的采样和科学分析工作,由于种种限制也难以展开。希望在今后的研究中能得以补充。

综合以上分析视角,本书可对北方地区商周时期的印纹硬陶和原始瓷器的类型、组合、功能、等级等得出基本认识。以此为基础再对南北方材料做全面对比,由此我们不仅能明确这两类器物是否来源于南方,还可讨论具体来源于南方哪个地区,流通的是单纯的器物还是器用制度也同时传播,流通的方式和动因又有哪些,南方的不同地区与北方的关系是否一致等等问题。依此思路,本书分为商和西周两个大的阶段,首先将印纹硬陶和原始瓷器分开进行类型学研究,再结合器物出土背景来讨论其文化属性,进一步全面对比南北方的材料以解决产地问题,并尝试阐释其文化背景。

第一章　商时期北方地区印纹
硬陶和原始瓷器研究

第一节　类型学分析

一、材料发现概况

　　商时期印纹硬陶和原始瓷器在北方各地均普遍出土,分布范围较广。根据出土情况,大体可将出土地分为郑洛地区、豫北冀南地区、山东地区和陕西地区。其中以郑洛地区的印纹硬陶和原始瓷器分布最为密集,出土数量最多,且大部分集中在郑州商城①。此外,郑洛地区出土有最多的完整器。从器类来看,印纹硬陶以多种类型的罐和尊形器为主,原始瓷器则以折肩尊为大宗。该地区在商代前期曾作为商王朝的核心地区,因此出土的印纹硬陶和原始瓷器年代也集中在早、中商时期。总体而言,该区域商时期印纹硬陶和原始瓷器的发现最为丰富,是本书重点关注的区域。

　　豫北冀南地区的印纹硬陶和原始瓷器在分布密度和出土数量上均居于次位,以邢台遗址群②、洹北商城遗址③和殷墟遗址④为代表。该地区也发现数量较多的完整器。早、中商时期的印纹硬陶器多为罐和尊形器,晚商时期在殷墟遗址多见罐和瓿。原始瓷器的主要器类为折肩尊。豫北地区为晚商时期商文化的中心,相比郑洛地区而言晚商时期的材料更为丰富,早、中商时期的材料则相对较少。

　　山东地区的印纹硬陶和原始瓷器在早、中商时期出土数量不多,仅见于济南大辛

---

① 河南省文物考古研究所:《郑州商城1953—1985年考古发掘报告》,文物出版社,2001年。
② 唐云明:《邢台曹演庄遗址发掘报告》,《考古学报》1958年第4期;唐云明:《邢台尹郭村商代遗址及战国墓葬试掘简报》,《文物》1960年第4期。
③ 中国社会科学院考古研究所安阳工作队:《1998—1999年安阳洹北商城花园庄东地发掘报告》,《考古学集刊》15,文物出版社,2004年。
④ 中国社会科学院考古研究所:《殷墟的发现与研究》,科学出版社,1994年。

庄遗址①,且以碎片为主。从可分辨器形的碎片来看,该地印纹硬陶和原始瓷器与上述两地区的器类基本相同。商末周初阶段,该区域的滕州前掌大墓地出土较多印纹硬陶和原始瓷器②。

陕西地区仅耀县北村③和华县南沙村④两遗址出土有商时期的原始瓷器,且数量极少。两遗址的年代均为早商时期。

从以上几个地区的基本情况来看,北方各地区印纹硬陶和原始瓷器有着基本相同的器类。在早、中商时期各地材料表现出较为一致的特征,晚商时期的材料则集中在豫北冀南地区,其他地区十分少见。根据这些情况,可以初步认为北方地区出土的印纹硬陶和原始瓷器均未表现出明显的区域性特征。以下结合类型学分析做进一步判断。

二、印纹硬陶的类型学分析

印纹硬陶器类相对较多,主要包括罐、瓿、尊形器、甑形器等。下面结合器物自身形制特征,参考其出土单位的年代进行型式划分。

罐,残片较多,完整器及基本完整器共十四件,分为两型:

A 型:平底罐,十三件,分两个亚型:

Aa 型:十一件,带沿平底罐,共分三式:

Aa I 式:三件,敞口,卷沿,深鼓腹。标本:郑州商城 C9.1H142：49,肩部带有鋬,通身饰云雷纹(图1.1,1)。

Aa II 式:六件,敞口,折沿,鼓腹,器身稍矮。标本:妇好墓 M5：1319,通体素面(图1.1,11)。

Aa III 式:两件,敞口,折沿,鼓腹较浅,器身扁矮。标本:M177：6,通体饰方格纹(图1.1,13)。

郑州商城 C9.1H142 年代为二里岗文化时期;妇好墓属于殷墟二期墓葬⑤;殷墟刘家庄北 M1046 及郭家庄 M177 均为殷墟四期墓葬⑥。根据年代早晚序列,可对带沿平

① 山东大学历史系考古专业等:《1984年秋济南大辛庄遗址试掘述要》,《文物》1995年第6期。
② 中国社会科学院考古研究所:《滕州前掌大墓地》,文物出版社,2005年。
③ 陕西省考古研究所等:《陕西耀县北村遗址发掘简报》,《考古与文物》1988年第2期。
④ 张忠培:《华县、渭南古代遗址调查与试掘》,《考古学报》1980年第3期。
⑤ 中国社会科学院考古研究所:《殷虚妇好墓》,科学出版社,1980年。
⑥ 中国社会科学院考古研究所安阳工作队:《安阳殷墟刘家庄北1046号墓》,《考古学集刊》15,文物出版社,2004年;中国社会科学院考古研究所:《安阳郭家庄商代墓葬》,中国大百科全书出版社,1998年。

底罐的演变规律进行总结：器身逐渐变矮，器腹变浅，由卷沿发展到折沿。

Ab 型：两件，直口平底罐，直口，鼓肩，斜腹内收至底。标本：妇好墓 M5：1629，通体素面（图 1.1,12）。

B 型：圜底罐，一件，郑州商城 C1T17①：55，圆鼓腹，圜底，口部缺失（图 1.1,2）。

尊形器，出土数量较多，完整器及基本完整器共十二件，分两型：

A 型：高领折肩尊形器，共分四式：

A Ⅰ 式：两件，折沿，高直领，鼓腹，圜底。标本：郑州商城 C11T102②：77，颈饰弦纹，器身饰方格纹（图 1.1,3）。

A Ⅱ 式：两件，敞口，折沿，腹内收。标本：郑州商城 H13：153，下腹部残缺，颈部饰弦纹，腹部饰云雷纹（图 1.1,4）。

A Ⅲ 式：三件，折沿，直领，折肩，直腹内收。标本：洹北花园庄遗址 H3：26，颈部饰多周弦纹，腹部饰云雷纹（图 1.1,5）。

A Ⅳ 式：一件，藁城台西 T4：91，直口无沿，直领折肩，弧腹内收，颈部饰多周弦纹，腹部饰云雷纹（图 1.1,6）。

郑州商城 C11T102②层、H13 为早商时期单位；花园庄遗址 H3 的年代相当于中商二期；藁城台西遗址的年代约为中商二、三期[①]。依此序列判断高领折肩尊自早至晚的变化规律是由曲腹变为直腹，从折沿变为直口无沿。

B 型：敞口直腹圜底尊，四件，共分三式：

B Ⅰ 式：一件，郑州商城 C15H5：113，口部微侈，直腹，口部饰多周弦纹，腹部饰云雷纹（图 1.1,7）。

B Ⅱ 式：一件，藁城台西 T13：229，侈口，直腹微鼓，圜底，腹部饰云雷纹（图 1.1,8）。

B Ⅲ 式：两件，敞口，鼓腹，圜底。标本：藁城台西 H52：01，上腹部饰云雷纹，下腹部饰席纹（图 1.1,9）。

郑州商城 C15H5 为早商时期单位；藁城台西 H52 为台西遗址晚期单位，年代相当于中商三期。据此推断敞口直腹圜底尊的演变规律是腹部逐渐外鼓。

瓿，完整器共六件，分三式：

Ⅰ 式：三件，直口，折肩，圆鼓腹，圈足外侈。标本：郭家庄 M26：8，肩部饰四周弦纹，中间饰指甲划纹，附有贯耳（图 1.1,14）。

---

① 河北省博物馆台西发掘小组等：《河北藁城县台西村商代遗址 1973 年的重要发现》，《文物》1974 年第 8 期。

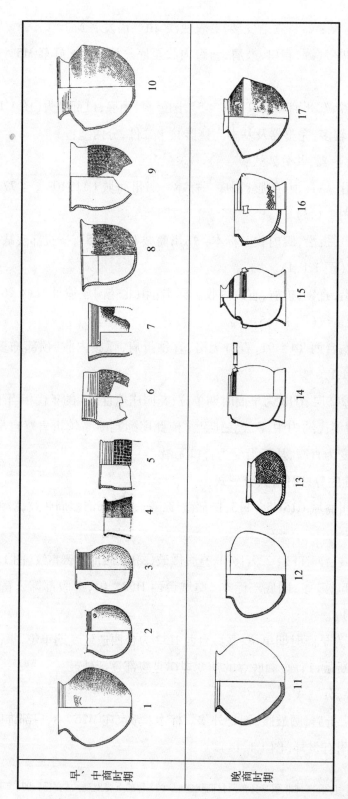

图 1.1 早、中商印纹硬陶与晚商印纹硬陶对比图

1、11、13. 敞口平底罐（Ⅰ式郑州商城 C9.1H142：49，Ⅱ式殷墟 M5：1319、Ⅲ式殷墟郭家庄 M177：6） 2. 圜底罐（郑州商城 C1T17①：55）' 3—6. 高领折肩尊（Ⅰ式郑州商城 C11T102②：77、Ⅱ式郑州商城 H13：153、Ⅲ式洹北花园庄 H3：26、Ⅳ式藁城台西 T4：91） 7—9. 敞口直腹圜底尊（Ⅰ式郑州商城 C15H5：113、Ⅱ式藁城台西 T13：229、Ⅲ式藁城台西 H52：01） 10、17. 折肩尊（Ⅰ式郑州商城 BQM2：13、Ⅱ式殷墟西区墓地 M907：15） 12. 直口平底罐（殷墟 M5：1629） 14—16. 瓿（Ⅰ式殷墟郭家庄 M26：8、Ⅱ式殷墟武官北地 M229：4、Ⅲ式殷墟孝民屯 M1278：1）

Ⅱ式：两件，直口，折肩，微鼓腹，圈足外侈。标本：武官北地 M229：4，肩部饰四周弦纹，中间以指甲划纹，另有一对贯耳，配有器盖（图1.1,15）。

Ⅲ式：一件，直口，折肩，直腹内收至底，肩部有贯耳一对，圈足外侈，器身较矮。标本孝民屯 M1278：1，肩部饰一周弦纹，下腹部饰方格纹（图1.1,16）。

殷墟郭家庄 M26 为殷墟二期单位[①]；武官北地 M229[②]、孝民屯 M1278[③] 为殷墟三期墓葬，依据器物的年代序列，推断瓿的演变规律是：腹部由外鼓逐渐变直。

折肩尊，仅见两件，分为两式：

Ⅰ式：一件，郑州商城 BQM2：13，敞口，高领，折肩，弧腹，平底，器身饰方格纹。郑州商城 BQM2 为二里岗文化时期墓葬（图1.1,10）。

Ⅱ式：一件，殷墟西区墓地 M907：15，敞口，矮领，折肩，弧腹内收成圜底，器身饰细绳纹。殷墟西区 M907 为殷墟四期墓葬（图1.1,17）。

从印纹硬陶类型学分析结果来看，早、中商与晚商时期的印纹硬陶存在着很大的差别。这主要体现在两个方面：一是从最直观的器类来看，中、晚商之际是一个分界点，早、中商时期的印纹硬陶与晚商时期的印纹硬陶在器类上发生了很大的变化。早、中商时期常见的器类如尊形器到晚商时期已经消失，晚商时期多见的瓿则不见于早、中商时期（图1.1）。另一方面，从器物纵向的发展状态来看，早、中商时期印纹硬陶的各种器类往往都能划分出式别变化，比如高领折肩尊形器可划分四式，敞口直腹圜底尊可划分为三式；相比而言，晚商时期的印纹硬陶器只有瓿可以划分为三式，其他出土量较大的器类，如罐等更多的是型上的区别。这反映出早、中商时期的印纹硬陶相比晚商时期而言具有更加连续的发展状态，或许表明该时期的印纹硬陶具有更为稳定的来源。

三、原始瓷器的类型学分析

北方地区出土的商时期原始瓷器器类较少，主要包括折肩尊、豆、罐、壶等，其中以折肩尊为大宗。

折肩尊，残片较多，完整器及基本完整器共十余件。可分为折肩深腹尊和折肩浅腹尊两个亚型。

Aa 型：敞口折肩深腹尊，两件，仅见于郑州商城遗址，可分两式：

① 徐广德：《河南安阳市郭家庄东南26号墓》，《考古》1998年第10期。
② 安阳亦工亦农文物考古短训班：《安阳殷墟奴隶祭祀坑的发掘》，《考古》1977年第1期。
③ 中国社会科学院考古研究所安阳工作队：《河南安阳市殷墟孝民屯东南地商代墓葬1989～1990年的发掘》，《考古》2009年第9期。

Aa I 式：一件，郑州商城 C7M25：6，敞口，圆折肩，口径小于肩径，腹部斜直内收（图 1.2,1）。

Aa II 式：一件，郑州商城 MGM2：1，大敞口，折肩，整体略扁矮，下腹微弧（图 1.2,2）。

Ab 型：敞口折肩浅腹尊，九件，共分三式：

Ab I 式：六件，大敞口，折肩，斜腹，口径与肩径相等。标本：郑州商城 C5T4①：18，器身饰方格纹（图 1.2,3）。

Ab II 式：两件，大敞口更加外侈，折肩，口径大于肩径。标本：郑州小双桥遗址 H29：59，器身饰方格纹（图 1.2,4）。

Ab III 式：一件，藁城台西 T8：036，大敞口外侈较甚，圆折肩，口径远大于肩径（图 1.2,5）。

就出土单位的年代而言，郑州商城 C7M25、MGM2、C5T4①层均为二里岗上层文化时期单位。郑州小双桥遗址 H29 年代为中商文化一期①。藁城台西遗址的整体年代为中商文化二、三期。依此年代序列，可知敞口折肩尊的演变规律为口部逐渐外侈，口径与肩径之比不断变大。

圈足折肩尊，完整器 2 件，敞口，折肩，带圈足。标本：南顺城街 96ZSNH1 下：229，肩部饰"S"形纹，腹部饰方格纹（图 1.2,6）。

豆，较多，矮领，折沿，深腹，高圈足。标本：殷墟小屯 84XTH94：3，口沿饰有弦纹（图 1.2,7）。

罐，六件，共分两型：

A 型，折沿鼓腹罐，五件，敛口，折沿，圆鼓腹。标本：殷墟小屯遗址的 F11：61，通体素面②（图 1.2,8）。

B 型，敛口鼓腹罐，一件，殷墟小屯 F11：62，敛口，无沿，圆鼓腹，假圈足（图 1.2,9）。

壶，一件，殷墟小屯 F11：50，敛口，下腹外鼓，矮圈足，器身呈水滴状，近口部带有錾（图 1.2,10）。

器盖，一件，殷墟小屯 84XTM34，圆形捉手，覆碗形，器身饰弦纹和指甲纹的组合纹饰（图 1.2,11）。

从原始瓷器的类型学分析结果来看，原始瓷器在中、晚商之际与印纹硬陶一样也发生了很大的变化。就器类而言，早、中商时期的原始瓷器最主要的器类是折肩尊，

---

① 河南省文物考古研究所等：《1995 年郑州小双桥遗址的发掘》，《华夏考古》1996 年第 3 期。
② 中国社会科学院考古研究所：《殷墟的发现与研究》，科学出版社，1994 年。

而晚商时期折肩尊已经基本消失,取而代之的是一批新的器类,包括豆、罐、壶等(图1.2)。再看原始瓷器的演变状态,早、中商时期的敞口折肩深腹尊可划分为两式,敞口折肩浅腹尊可分为三式。晚商时期的豆、壶都没有式别上的变化。这反映出早、中商时期的原始瓷器表现出更为连续的演变状态,这与印纹硬陶的特征相符。

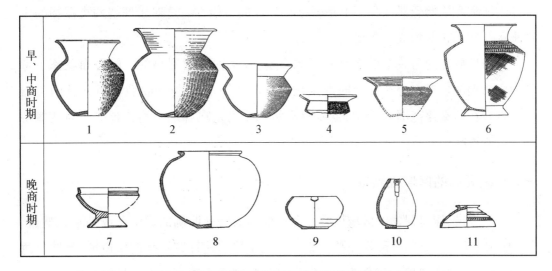

图1.2　早、中商原始瓷器与晚商原始瓷器对比图

1. 折肩深腹尊(郑州商城 C7M25:6)　2. 折肩深腹尊(郑州商城 MGM2:1)　3. 折肩浅腹尊(郑州商城 C5T4①:18)　4. 折肩浅腹尊(郑州小双桥 H29:59)　5. 折肩浅腹尊(藁城台西 T8:036)　6. 圈足尊(南顺城街96ZSNH1 下:229)　7. 豆(殷墟小屯 84XTH94:3)　8. 折沿鼓腹罐(殷墟小屯 F11:61)　9. 敛口鼓腹罐(殷墟小屯 F11:62)　10. 壶(殷墟小屯 F11:50)　11. 器盖(殷墟小屯 84XTM34)

综合印纹硬陶和原始瓷器的类型学分析结果,可以看到两类器物在器类上差别甚大。原始瓷器的常见器类如折肩尊、豆以及壶、器盖等基本不见于印纹硬陶中。印纹硬陶的主要器类如尊形器、瓿等同样不见于原始瓷器中。这种器类上的差别表明商人对印纹硬陶和原始瓷器进行了有意识的区分,并可能赋予其不同功能,因此印纹硬陶和原始瓷器应是性质不同的两类器物。

虽然器类存在根本性的差别,但类型学的分析结果表明印纹硬陶和原始瓷器具有相当一致的演变过程。两类器物在中、晚商之际都发生了极大的变化,早、中商时期流行的大部分器类到晚商时期都已消失,代之兴起一批新的器类。此外,早、中商时期的印纹硬陶和原始瓷器相比晚商时期而言都表现出更多的式别变化,反映出更为连续的演变序列。因此商时期的印纹硬陶和原始瓷器均可分为早中商时期和晚商时期两个大的阶段。至于两类器物为何在此时发生重大变化,两类器物除类型上的差异外是否出土背景也有差异,这些问题都需要接下来做进一步讨论。

第二节 区域性研究

关于区域性的研究主要包括两个层次的内容。首先,在类型学分析的基础上,讨论印纹硬陶和原始瓷器在类型上是否存在分区的可能性。这对于理解两类器物的生产来源及使用状况均极为重要。

区域性研究的另一个层次是不考虑类型,只关注两类器物的空间分布状态。考察中要特别注重空间分布的历时性变化。通过这一角度的分析,我们可知这两类器物是否只在商文化范围内使用,也能明确两类器物是在各地平均分布抑或为某些特殊地区所青睐。

一、印纹硬陶的区域性特征

一般来讲,探讨器物的区域性特征多选取型式特征明确的完整器或基本完整器。早、中商时期发现有印纹硬陶完整器或基本完整器的遗址有郑州商城遗址、藁城台西遗址、洹北花园庄遗址。其余遗址所发表的材料则多为碎片。由于材料有限,且上述几个遗址在地域范围上也不能涵盖早、中商时期出土印纹硬陶的全部区域。因此为了保持结论的可靠性,需要同样参考各地出土的碎片资料。

郑州商城遗址出土印纹硬陶种类最多,包括 Aa 型带沿平底罐、B 型圜底罐、A 型高领折肩尊形器、B 型敞口直腹圜底尊等;藁城台西遗址出土印纹硬陶的主要器类有 A 型高领折肩尊形器和 B 型敞口直腹圜底尊,未见印纹硬陶罐;洹北花园庄遗址则只出土 A 型高领折肩尊形器。可见郑州商城与其他两个遗址的材料既有联系也有差别。郑州商城出土的印纹硬陶明显类型更为丰富,但笔者认为这并不能作为判断区域性特征的绝对依据。在郑州商城开展的田野工作远比其他两个遗址丰富,且郑州商城本身也是早商时期商文化的中心。因此郑州商城出土更为丰富的材料也合乎逻辑。那么讨论器物的区域性特征,可能以各地均有出土的同类器作为考察对象更为合理。

郑州商城、藁城台西遗址和洹北花园庄遗址都有出土的完整器,主要为尊形器。且尊形器也是早、中商时期印纹硬陶的主要器类,具有代表性。在前文的印纹硬陶类型学分析中,笔者注意到这三处遗址出土的尊形器基本形制是相同的,均以 A 型高领折肩尊形器为主。郑州商城出土有 A 型 I 式和 A 型 II 式高领折肩尊形器,洹北花园庄遗址出土有 A 型 III 式高领折肩尊形器,藁城台西遗址出土有 A 型 IV 式高领折肩尊形器。从 A 型 I 式到 A 型 IV 式,高领折肩尊形器的腹部逐渐变直,折沿变为直口无沿,反映出连续的发展序列。因而从尊形器表现出的特征看,上述各遗址的材料可能不具备区域性特征。其他区域发现的碎片材料虽然多未发表图像资料,但各遗址报告对碎片的描述表明,各地出土的印纹硬陶的主要器类均为尊形器、罐等。另外各地印纹硬陶碎片所饰纹饰也大体相同,多方格纹、弦纹等。由此推测北方各地出土的早、中商时期印纹硬陶应不具备区域性特征,难以划分出不同的区域类型。进一步而言,这些地点的印纹硬陶器也可能具有较为一致的生产来源。

晚商时期北方地区出土的印纹硬陶绝大部分出土于殷墟遗址,殷墟遗址之外只在罗山天湖墓地和济南大辛庄遗址、前掌大墓地等地出土少量的印纹硬陶。罗山天湖与济南大辛庄所出的印纹硬陶都未发表图像资料,从报告中的描述来看,两地出土的印纹硬陶与殷墟遗址出土的印纹硬陶大体相同,以印纹硬陶罐为主。前掌大墓地出土的晚商时期硬陶瓿与殷墟遗址出土的同类器基本相同。限于材料,对于晚商时期印纹硬陶的区域性特征无法做深入讨论。但根据有限的资料推测,晚商时期可能与早、中商时期一样不见器物区域性特征的存在。

二、原始瓷器的区域性特征

杨楠先生曾讨论过商周时期原始瓷器的区域性特征①。但他的研究实际是将北方地区商时期的原始瓷器作为一个整体来论述与其他地区的区域性差别。笔者要做的工作与杨楠先生的研究不同,这里主要讨论北方各地出土的原始瓷器是否具有区域性特征。

早、中商时期,郑州商城遗址、藁城台西遗址、郑州小双桥遗址和巩县稍柴遗址出土的原始瓷器均以折肩尊作为主要器类。以 Ab 型敞口折肩浅腹尊为例,郑州商城遗址和巩县稍柴遗址出土有 Ab 型 I 式折肩浅腹尊;郑州小双桥遗址出有 Ab 型 II 式折肩浅腹尊;藁城台西遗址出有 Ab 型 III 式折肩浅腹尊。从 I 式到 III 式口径与肩径之比不断变大。所以这三处遗址出土的原始瓷器虽然存在器形差别,但这种差别反映的是式别变化。北方各地出土的碎片材料根据报告描述多为原始瓷折肩尊,且纹饰相同,由此推测早、中商时期北方地区出土的原始瓷器没有体现出区域性特征。

晚商时期,原始瓷器的分布范围较早、中商时期大为缩小,主要集中在殷墟遗址

---

① 杨楠:《论商周时期原始瓷器的区域性特征》,《文物》2000 年第 3 期。

和前掌大墓地等地。所以论述晚商时期北方地区原始瓷器的区域特征在很大程度上就是论述山东地区与中原地区的关系。关于这个问题已有学者做过探讨。钱益汇先生认为,山东地区出土的原始瓷器与中原地区原始瓷器的总体风格相近,但也具有一定的地域特征①。他认为前掌大墓地所出的原始瓷罐 M3：6 与殷墟西区墓地所出原始瓷瓷罐 M701：58 相似,而原始瓷尊 M3：84 与中原常见的折肩尊差别较大。晚商时期原始瓷罍也与中原地区的原始瓷罍风格大相径庭。梁中合先生认为前掌大墓地出土的原始瓷豆具有西周早期的风格,报告所定的商代晚期并不准确②。另外,他还认为山东地区出土的原始瓷器与中原商周原始瓷器有密切关系,两地原始瓷器的胎质颜色非常接近,釉色基本一致,均流行淡绿、青绿、灰绿,纹饰都以方格纹、三角纹、附加堆纹、弦纹为主。两地流行的器形均以豆为主。

　　山东地区出土的原始瓷器主要来源于前掌大墓地的 M3 和 M4 两座墓葬。发掘简报将这两座墓葬的年代定为商代晚期③。但已有学者对其年代提出质疑,认为两座墓葬的年代应在西周早期④。此处讨论的是晚商时期原始瓷器的区域性特征,因此有必要对前掌大 M3、M4 两座墓葬的年代进行分析。结合前人的研究成果,就两座墓葬出土的印纹硬陶和原始瓷器来说,笔者认为两墓的材料明显具有西周早期的特征。比如前掌大 M4 出土的印纹硬陶尊与洛阳北窑西周墓出土的原始瓷尊近似(图 1.3,1、4);另外前掌大 M3 出土的原始瓷罍和原始瓷豆与北窑西周墓出土的原始瓷罍、原始瓷豆基本相同(图 1.3,2、5、3、6)。所以前掌大墓地 M3、M4 所出土的印纹硬陶和原始瓷器具有明显的西周早期风格,而两座墓葬的年代也应当为西周早期。由此可以推测,认为山东地区原始瓷器存在地域性特征的观点,实则是将前掌大墓地 M3、M4 出土的材料纳入了研究范围,以山东地区西周早期的材料与中原商代晚期的材料进行对比,将年代上的差别当作地域性差异。

　　既然前掌大 M3、M4 的年代均为西周早期,应当排除这两座墓葬的资料。至于山东地区晚商时期的原始瓷器,根据有限的材料推测该地区的材料与殷墟出土器物较为一致,可能不存在区域性特征。

　　综合印纹硬陶和原始瓷器的类型分布情况,基本可以认为商时期北方各地出土的印纹硬陶和原始瓷器可能均不存在区域性特征。北方地区出土的这两类器物可能

① 钱益汇：《浅谈山东发现的商周原始瓷器》,《中国文物报》2001 年 10 月 26 日第 007 版。
② 梁中合：《山东地区商周时期原始瓷器的发现与研究》,《东南文化》2003 年第 7 期。
③ 中国社会科学院考古研究所山东工作队：《滕州前掌大商代墓葬》,《考古学报》1992 年第 3 期。
④ 张应桥：《关于山东滕州前掌大 M3、M4 的年代问题》,《中原文物》2006 年第 2 期。

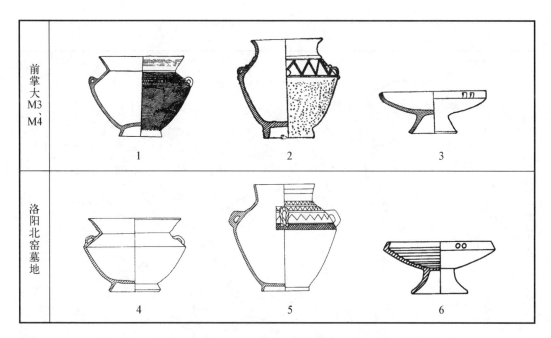

图1.3　前掌大 M3、M4 原始瓷器与西周早期原始瓷器对比图

1. 印纹硬陶尊(前掌大 M4 盗4：11)　2. 原始瓷罍(前掌大 M3：3)　3. 原始瓷豆(前掌大 M3：48)　4. 原始瓷
尊(洛阳北窑 M442：1)　5. 原始瓷罍(洛阳北窑 M202：3)　6. 原始瓷豆(洛阳北窑 M215：36)

有着统一的生产来源。因此讨论产地问题时,可将北方地区作为整体来论述其与南
方地区的关联。

三、印纹硬陶和原始瓷器的空间分布

考察印纹硬陶和原始瓷器的空间分布状态不仅要讨论完整器,碎片资料同样具
有重要价值。对于空间分布的研究,一方面是确定两类器物分布范围与商文化范围
间的关系,从而推测其文化属性;另一方面是通过空间分布的历时性变化,判断两类
器物的发展过程。

首先,就印纹硬陶而言,早商时期印纹硬陶分布范围较小,仅局限在郑州商城和
济南大辛庄等少数遗址。此时印纹硬陶似乎尚未广泛使用(图1.4)。

中商时期,印纹硬陶的分布范围扩大。北至藁城台西遗址、南至郑州小双桥遗
址、东至济南大辛庄遗址均有分布,出土地点多达六处(图1.5)。

晚商时期,印纹硬陶集中发现于殷墟遗址。此外,罗山天湖墓地、济南大辛庄遗
址、滕州前掌大墓地都有出土,其中罗山天湖墓地处于豫南地区,是最南部的分布地
点(图1.6)。可见自早至晚,印纹硬陶的分布范围是不断扩大的。

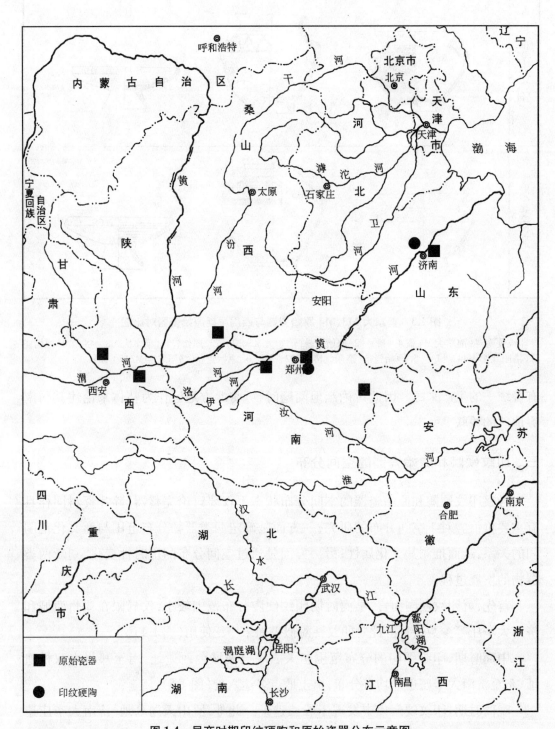

图1.4　早商时期印纹硬陶和原始瓷器分布示意图

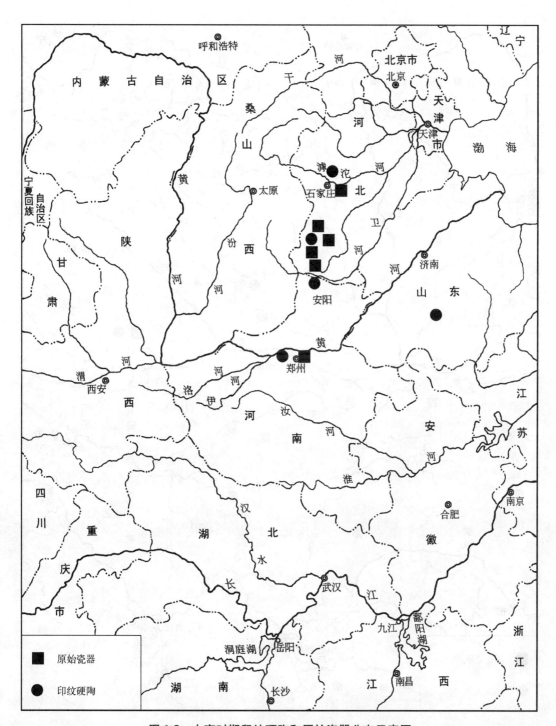

图1.5　中商时期印纹硬陶和原始瓷器分布示意图

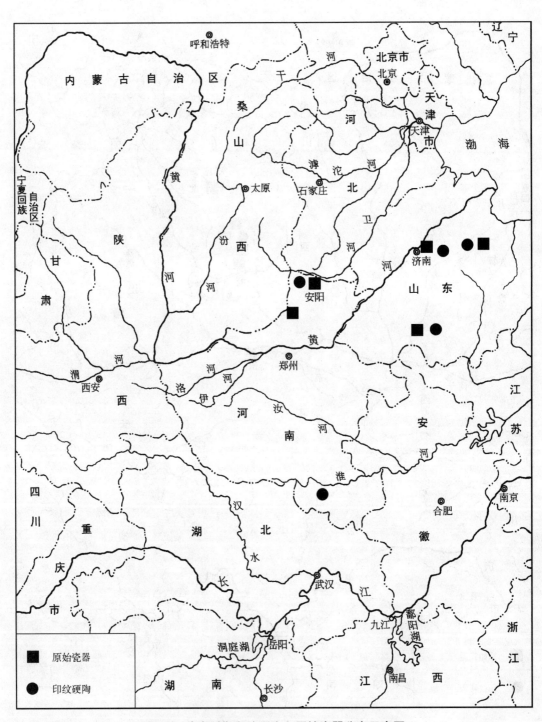

图1.6 晚商时期印纹硬陶和原始瓷器分布示意图

原始瓷器空间分布的变化趋势与印纹硬陶略有不同。早商时期，原始瓷器的出土范围极为广泛。西至陕西耀县北村遗址，东至济南大辛庄遗址，分布地点多达七处（图 1.4）。

中商时期，原始瓷器主要见于藁城台西遗址到郑州小双桥遗址之间的地域范围内，分布地点为五处（图 1.5）。

晚商时期，原始瓷器集中出土于殷墟遗址，附近的辉县琉璃阁遗址以及山东地区的济南大辛庄遗址、滕州前掌大墓地也有少量发现（图 1.6）。

从原始瓷器的空间分布来看，早、中商时期分布范围比较广泛，其中中商时期向北有所扩张，晚商时期分布范围最为狭小。这种变化趋势与商文化的分布范围有一定联系。商文化在早商时期已经范围较为广阔，在中商时期进一步扩张，晚商时期除在山东地区有所扩张外，整体范围明显收缩。原始瓷器自早商至晚商时期，不仅始终分布在商文化范围内，且分布范围的变化与商文化范围的变化似有关联，这表明原始瓷器可能属于商文化系统器物。此处所谓的商文化系统器物并非指产地在商文化范围内，而专指这类器物为商人所使用，可能成为商文化系统的一部分。但需要注意的是，原始瓷器在早、中商时期分布范围广，分布密度相对较大。晚商时期的原始瓷器分布密度相对较小，且年代多为殷墟四期。在殷墟一期到殷墟三期，原始瓷器甚至出现了"空白"状态。可见商人对原始瓷器的利用也有着阶段性的差异。

综合印纹硬陶和原始瓷器的空间分布状态，可知两者的共同之处在于分布范围始终在商文化范围内，推测两类器物可能均为商文化系统器物。但从早商到晚商时期，印纹硬陶的分布范围不断扩大，原始瓷器的分布在晚商时期收缩，表现出不同状态。这或许表明商人对这两类器物的使用各有不同，并存在阶段性差异。要明确这一问题，还需进一步结合器物的出土背景，对两类器物的等级、性质等问题做全面分析。

第三节　文化属性及相关问题

本书所指文化属性主要包括器物的等级、功能、组合、性质等方面的内容。围绕这一主题，本节将分为三个部分进行讨论。首先是根据器物的出土背景判断其等级、功能、组合等方面的特征。出土背景包括两个层次的含义，一是器物的出土单位的背景信息，一是器物出土遗址本身的背景。关于出土单位的讨论，笔者主要关注出土单位所反映的等级状况、单位的功能、出土遗物的组合情况以及器物在出土单位中的位置等,据此对器物本身的性质做出判断。在讨论时笔者将出土单位分为居址和墓葬两大类,主要是考虑到居址和墓葬中的出土物往往具有不同内涵,需要区别对待。对于出土遗址的讨论则主要关注遗址的等级和性质,以此判断印纹硬陶和原始瓷器的等级状况。

在上述分析的基础上,结合前文讨论的结果,笔者将从多个角度论证印纹硬陶和原始瓷器的性质以及两者的关系。最后,本节还分析了印纹硬陶和原始瓷器与普通陶器的关联,这对于探讨两类器物的文化属性以及产地问题具有指向作用。此外,笔者对于晚商时期印纹硬陶和原始瓷器与西周早期的材料也做了对比,以观察王朝变迁对这两类器物的影响。以上观察角度均以时间为线进行串联,注意印纹硬陶和原始瓷器的历时性变化。

一、等级、功能、组合问题

1. 出土单位的考古背景

(1) 印纹硬陶

早、中商时期出土于墓葬中的印纹硬陶极少,目前发表的材料仅见一例,即郑州商城 BQM2 出土的一件印纹硬陶尊。但需要注意的是这件印纹硬陶尊的器形、大小、胎质与早、中商时期常出土于高等级墓葬的原始瓷尊基本一致。从出土单位来看,BQM2 为一座铜器墓,墓室南北长 2.7 米,宽 1.1 米。随葬器物包括两件斝、一件爵、一件觚,另有铜刀一件,玉柄形器两件,以及石戈、石铲、圆陶片等。印纹硬陶尊位于墓室南部略偏西处,与铜斝、铜爵放置一处。铜斝、铜爵均为酒器,尊也是酒器的流行器类,几件器物又共置一处,由此推断这件印纹硬陶尊可能是作为酒器使用的。BQM2所见的情形十分类似于早、中商时期出土原始瓷器的墓葬。出土原始瓷器的墓葬规模与 BQM2 相近,随葬品中也以铜斝、铜爵、铜觚、铜刀、玉柄形器、圆陶片为主。这些相似性表明 BQM2 所出印纹硬陶尊与原始瓷尊不仅器形基本一致,出土背景也基本相同。考古报告将这件印纹硬陶尊定性为印纹硬陶主要的依据是该器表面没有施釉。事实上,早、中商时期原始瓷器的釉面普遍保存较差,部分原始瓷器只在器物局部残留有釉痕。不能排除 BQM2 所出的印纹硬陶尊可能就是属于釉面保存极差的一例。笔者认为这件器物或许属于原始瓷器或原始瓷器的半成品,对其应持谨慎态度。为保持结论的可靠性,笔者对这一材料暂置不用。排除 BQM2 出土的这件印纹硬陶尊,早、中商时期出土于墓葬中的印纹硬陶便基本不见。所以可以说早、中商时期印纹硬陶极少出土于墓葬中。

晚商时期的印纹硬陶基本都出土于殷墟遗址,可做代表。目前发表的材料中,除去印纹硬陶碎片资料,完整器或基本完整的印纹硬陶共 16 件,16 件器物全部出土于墓葬中。出土单位包括殷墟西区墓地 M701、郭家庄 M26、武官北地 M229、孝民屯 M1278、刘家庄北 M1046、妇好墓等,各墓的基本信息如下:

殷墟西区墓地中的 M701 规模较大,随葬品丰富。墓室长达 4.6 米,深 3.1 米,有棺有椁,且殉有 12 人。墓葬虽被盗,但仍出土大量遗物,包括硬陶罐、白陶罐、普通陶罐、器盖;铜器残存铜镞、铜戈、铜铃;玉器包括各种动物玉饰,此外还有一些骨器、龟甲、贝、螺等。M701 无论从规模还是随葬品来看无疑是一座高等级墓葬。

郭家庄 M26 墓室长 3.55 米、宽 2.2—2.25 米,有棺有椁,殉有两人。墓葬共出土铜、陶、石器共 93 件,大部分器物均放在棺椁之间。青铜礼器放在墓主足下方,武器放在墓主头部两侧及上方,陶器放在墓主身体两侧。两件硬陶瓿叠压于两殉葬人骨之上。陶器有鬲、簋、罐、瓿、罍、壶、瓢、爵等。铜器有鼎、甗、方彝、簋、方罍、卣、瓢、爵以及戈、矛等武器。显然 M26 也属于高等级墓葬。

武官北地 M229 是中国社会科学院考古研究所安阳工作队于 1976 年在武官北地发掘的 191 座墓葬中的一座。在这 191 座墓葬中只有 13 座墓葬出土随葬品,其中以 M229 出土器物最多,包括大铜鼎、小铜鼎、铜斗各一件,硬陶瓿两件。按发掘报告的观点这 191 座墓葬的性质为祭祀坑[1]。M229 墓室长 2.25 米,宽 0.85 米,"埋有身首全躯的奴隶幼童一具,俯身屈肢"[2]。从人骨形态来看,人骨偏处于墓室西北一角,俯身、屈肢,与正常墓葬的埋葬方式不同。联系到 M229 与其他祭祀坑排列整齐、大小基本一致,这座墓葬作为祭祀坑的可能性是比较大的。墓中出土的两件硬陶瓿置于墓主腿骨旁,铜器则放置在墓室东面。

孝民屯 M1278 出土一件硬陶瓿,但墓葬被盗严重,信息量有限。墓室长 2.7 米,宽 1.2 米。残存的随葬品还有陶瓢、盘、豆、贝。该墓似等级不高,但由于被盗严重,难以定性。

刘家庄北 M1046 出有一件硬陶罐,该墓墓室长 4.25 米,宽 2.16 米。有棺有椁,殉人 6 具,出土随葬品极为丰富,包括 123 件青铜器,其中 33 件为青铜容器。由此来看,

---

[1] 安阳亦工亦农文物考古短训班等:《安阳殷墟奴隶祭祀坑的发掘》,《考古》1977 年第 1 期。
[2] 安阳亦工亦农文物考古短训班等:《安阳殷墟奴隶祭祀坑的发掘》,《考古》1977 年第 1 期。

该墓是一座等级较高的贵族墓。墓葬所出的陶瓿、爵、盘放在东二层台上,陶罐放在棺椁之间的东北处,硬陶罐则置于棺椁之间的东南角,压在一铜方尊上,铜容器大部分集中在椁室的东南角。

妇好墓出土硬陶罐三件。墓葬级别极高,出土物极为丰富。墓口南北长5.6、东西宽4米,有棺有椁,殉人至少十六具。出土铜器仅容器就有210件。硬陶罐位于椁顶上层,墓室东南角,在铜斝和铜尊的北侧。

综合以上信息,可以看到印纹硬陶在早、中商基本不见于墓葬中,晚商时期开始较多地出现在高等级的墓葬中。出土印纹硬陶的晚商墓葬中,殷墟西区墓地M701、郭家庄M26、刘家庄北M1046、妇好墓均为规模大、随葬品丰富的高等级大墓。孝民屯M1278被盗严重,难以对墓葬级别做出准确判断。M229虽然编为墓号,但其性质应为祭祀坑,且该单位在武官北地上百座祭祀坑中出土物最为丰富,级别最高。由此可以认为晚商时期印纹硬陶主要出于高等级的大墓中。

从印纹硬陶具体的随葬情形来看,印纹硬陶瓿和印纹硬陶罐是晚商时期墓葬出土的主要器类。出土印纹硬陶瓿的有郭家庄M26、孝民屯M1278、武官北地M229。郭家庄M26出土的两件印纹硬陶瓿分别叠压于两殉葬人骨之上,给人以其归属于殉葬者之感。武官北地M229应为一座祭祀坑,墓主身份可能为人牲。M229的两件印纹硬陶瓿置于人骨近旁。此外两墓均为殷墟二期墓葬,且都出土有形态接近的大铜圆鼎1件,小铜圆鼎1件。孝民屯M1278虽被盗严重,但其墓室仅长2.7米,宽1.2米,规模远小于随葬印纹硬陶罐的几座墓葬。根据这些现象,似乎可以看到印纹硬陶瓿与殉人和人牲有一定关系。但笔者并不认为可以据此判断印纹硬陶器代表了较低的低级,毕竟器物的出土单位基本都为高等级大墓。另外殉人、人牲在广义上讲也属于墓主的一类“财富”,那么即便其“拥有”某些器物,也可能是为墓主服务,器物最终的所有权仍是墓主。当然,仅仅凭借目前有限的材料还无法得出结论性意见。

从器物组合来讲,无论是印纹硬陶罐还是印纹硬陶瓿都未见与其他器物存在明确的组合关系。但刘家庄北M1046和妇好墓出土的硬陶罐均出土于墓室东南角,与青铜容器共置一处。另外郭家庄M26和武官北地M229所出的印纹硬陶瓿都伴出形态相似的大、小圆铜鼎。这些迹象表明印纹硬陶器似乎有着较为固定的器用制度,只是材料较少尚无法揭示。

再看居址中的材料,出土于居址中的印纹硬陶年代多为早、中商时期。出土单位普遍为灰坑及地层,少见房址。

早商时期印纹硬陶多见于郑州商城的灰坑、窖穴与文化堆积层中。对于郑州商城出土印纹硬陶的具体数量无法做精确统计,但郑州商城报告中指出印纹硬陶和原始瓷器在二里岗上层一期所有陶瓷器中占有0.2%的比例。

中商时期出土印纹硬陶的遗址有藁城台西、洹北花园庄、洹北花园庄东地等,出土单位均为灰坑和地层。其中藁城台西出土的印纹硬陶完整器有3件,早晚两期居址共发现印纹硬陶碎片106片;洹北花园庄出土的印纹硬陶在陶瓷器中的比例在0.3%以下;洹北花园庄东地出土完整器4件,另有不同个体残片20余片。

到了晚商时期,印纹硬陶基本都出土于墓葬,罕见居址中出土的情况。济南大辛庄遗址出土印纹硬陶片共50片,但具体出土信息不明。

综上所述,印纹硬陶在早、中商时期主要出土于灰坑、地层等居址类单位中,可能具有实用器的功能,此时商文化的高等级墓葬中并未将印纹硬陶器作为选择对象(表1.1)。到了晚商时期,印纹硬陶基本只出土于高等级的墓葬或祭祀坑,反映了较高的社会等级(表1.1)。这表明到晚商时期,印纹硬陶的性质已经发生变化。

表1.1　北方地区商时期印纹硬陶出土单位性质表

居　址	早、中商时期
	郑州商城、藁城台西、洹北花园庄、洹北花园庄东地、邢台曹演庄、泗水天齐庙遗址、济南大辛庄遗址、郑州小双桥遗址
墓　葬	晚商时期
	刘家庄北 M1046、殷墟西区 M700、殷墟西区 M701、安阳郭家庄东南 M26、武官北地 M229、殷墟孝民屯东南商代墓地 M1278、妇好墓、罗山天湖墓地 M8

（2）原始瓷器出土背景分析

首先讨论墓葬中的情况。早、中商时期出土于墓葬的原始瓷器主要见于郑州商城,具体数量限于发表资料无法做精确统计。墓葬单位可以郑州商城 C7M25 和 MGM2 为代表。C7M25 墓室长 2.07 米、东西宽 0.76 米,腰坑殉狗。墓葬出土随葬器物共 10 件,其中铜器 4 件,分别为铜爵一件、铜刀一件以及铜镞两件。另有原始瓷折肩尊一件、陶罍一件、陶盆一件、玉柄形器一件、卜骨一件、残骨簪一件。原始瓷折肩尊置于墓主身躯右侧。MGM2 随葬有青铜器为主的各类器物共 20 件,计有铜鼎一件、铜罍两件、铜爵两件、铜瓿一件、铜刀一件、铜戈一件、玉戈一件、玉璜一件、残玉柄形饰两件、圆陶片一件等。原始瓷折肩尊随葬于墓主身躯右侧。两座墓葬均出有青铜容器、玉器,等级较高。从随葬组合来看,两座墓葬的原始瓷折肩尊都与铜爵、铜刀、玉柄形器、圆陶片等共出,但这些随葬品往往见于郑州商城大部分的高等级墓葬,不能以此判断组合关系。此外,也并未发现原始瓷器代替某类青铜器或陶器出现在随葬品组合中。

晚商时期的原始瓷器总体数量较少且极少见于墓葬中,仅在殷墟西区墓地发现一件,辉县琉璃阁墓地发现两件,另外殷墟王陵区有一些发现。殷墟一期到殷墟三期之间都罕见原始瓷器,目前发现的原始瓷器年代集中在殷墟四期。

以上情况说明原始瓷器在早商时期常出土于高等级的墓葬中。到了晚商时期,原始瓷器在性质上可能发生变化,在高等级墓葬中少见原始瓷器。另外晚商前期罕见原始瓷器的现象也值得关注。

就居址材料而言,早商时期在郑州商城二里岗上层一期的灰坑和文化堆积层中出土一些原始瓷器残片。数量无法做精确统计。但能分辨出器形的仍多属原始瓷尊。鉴于居址和墓葬中都出土同类型的原始瓷器,基本可以排除原始瓷器专门作为随葬明器的可能性。

中商时期出土于居址中的原始瓷器以藁城台西居址和郑州小双桥祭祀坑中出土的材料为代表。藁城台西遗址早晚两期居址共发现原始瓷片172片。

小双桥遗址出土原始瓷器的具体数量不明,主要出自三种遗迹单位:大型牲祭祀坑、牛头牛角坑和大灰沟填土中。通过梳理,可将小双桥遗址的祭祀坑和牛头牛角坑分为出土原始瓷片的祭祀坑和无原始瓷片的祭祀坑。出土原始瓷片的祭祀坑包括:H6、H29 和 H36。其中 H6 和 H29 都属于报告中定义的大型牲祭祀坑,三座祭祀坑面积较大,都在十平方米左右,且出土物均较丰富,包括牛头骨、牛角、原始瓷尊片、玉片、骨器、铜器、蚌壳、孔雀石块、各种动物骨骼以及石镰、绿松石装饰品等。未出原始瓷片的普通牛角坑、狗祭坑如 H5、H33、H30、H59 等,面积往往较小,出土物很少,一般只有少量的陶器残片、残破石器以及少量动物骨骼。可见小双桥遗址的原始瓷片多出自等级较高、出土物丰富的祭祀坑中。

晚商时期出土于居址中的原始瓷器以殷墟小屯遗址的材料为代表。小屯 F10、F11 所出的罐、壶等完整器共 6 件。除此以外在苗圃北地发现原始瓷片一片。小屯 F10、F11 位于丙组基址西边缘约 50 米处,房址内的出土物除原始瓷器外还包括铜器、玉石雕刻品、绿松石、壁画墙皮等。在 F11 居住面下挖有一个长方形祭祀坑。这些情况说明两座房址等级均较高,可能具有祭祀功能。那么晚商时期出土于居址中的原始瓷器也当代表了较高的等级,且有可能作为祭祀用品使用。

就原始瓷器的出土背景而言,其在早、中商时期的高等级墓葬中较为流行,当是葬制的一部分。同时在居址中也作为实用器使用。到晚商时期,殷墟范围内主要的高等级大墓中几乎都不见原始瓷器出土,此时原始瓷器明显衰落,数量也较少,尤其是晚商前期罕见原始瓷器(表 1.2)。从早、中商到晚商时期,原始瓷器的性质似乎也发生了变化。

表 1.2　北方地区商时期原始瓷器出土单位性质表

早、中商时期	
墓　　葬	郑州商城 C7M25、MGM2 等多座高等级墓葬
居　　址	柘城孟庄、垣曲商城、藁城台西、济南大辛庄、郑州小双桥
晚商时期	
墓　　葬	殷墟西区 M701、辉县琉璃阁墓地、殷墟王陵区
居　　址	小屯 F10、F11、苗圃北地

综上所述,印纹硬陶在墓葬中的出土情况表明,印纹硬陶罐多出土于高等级的大墓,如妇好墓,且多葬于墓室东南角,临近铜容器。印纹硬陶瓿则有可能与殉人和人牲存在某种关联,但限于资料尚不能定论。除发现两例印纹硬陶瓿与大圆鼎和小圆鼎共存外,未见其他组合关系。

早商时期原始瓷器多出土于高等级墓葬。原始瓷折肩尊多随葬在墓主身躯右侧,惯与铜爵、铜刀、玉柄形器、圆陶片等共出,但这些随葬品也常见于郑州商城大部分的高等级墓葬,所以这些器物是否与原始瓷折肩尊存在组合关系还需要更多材料支持。

结合印纹硬陶和原始瓷器出土背景的历时性变化,笔者认为早、中商时期印纹硬陶多见于居址中,应作为实用器使用。晚商时期印纹硬陶多出土于高等级的墓葬或祭祀坑中而少见于居址。此时印纹硬陶的性质可能发生了变化,其更多的作为高级随葬品出现,并有部分印纹硬陶与祭祀活动相关。

原始瓷器的情况恰恰相反。在早商时期原始瓷器多见于高等级墓葬中,中商时期在小双桥规格较高的祭祀坑中也出土原始瓷器。到了晚商时期,高等级墓葬则极少出土原始瓷器,虽在殷墟王陵区见有少量材料,但具体情形不明。印纹硬陶和原始瓷器到晚商时期都发生了显著的变化。根据这些现象推测早、中商时期,商文化人群在随葬品的选择上注重原始瓷器,而到了晚商时期转而青睐印纹硬陶。这种变化发生在中、晚商之际。在短时间内印纹硬陶和原始瓷器都发生了同步变化,这种变化或许是缘于某种外力的作用。若要探寻这种变化发生的原因,从宏观角度考察出土遗址的考古背景及其历时性变化是必要的工作。

2. 出土遗址的考古背景

出土印纹硬陶和原始瓷器的遗址的等级可在很大程度上反映出这两类器物自身代表的等级。以历时性视角进行考察还可讨论两类器物的变化过程。

为方便讨论,笔者首先对出土印纹硬陶和原始瓷器的遗址等级进行基本的界定。在出土印纹硬陶和原始瓷器的遗址中,级别最高的当属都邑类遗址。该类遗址以郑州商城、洹北商城、殷墟遗址为代表。次一级的遗址为地方区域性的中心遗址,如垣曲商城为早商时期晋南地区商文化的中心遗址。济南大辛庄遗址为山东地区商文化的中心。以罗山天湖墓地和藁城台西遗址为代表的一类遗址发现有高等级的墓葬或居址,其所代表的等级也较高。级别最低的一类遗址未发现有高等级的墓葬或其他反映较高社会等级的遗迹,对于这类遗址可称为普通遗址,耀县北村遗址和华县南沙村遗址均属此例。以下将印纹硬陶和原始瓷器分做讨论。

(1) 印纹硬陶

早商时期出土印纹硬陶的地点包括郑州商城遗址和济南大辛庄遗址,其中郑州商城遗址为早商时期的都城遗址,济南大辛庄遗址为早商文化大辛庄类型的代表遗址。近年大辛庄遗址发现了晚商时期高等级的墓葬[①],说明晚商时期大辛庄遗址当为山东地区商文化的一个中心型遗址。因此早商时期印纹硬陶分布点只有两处,一处为早商都城遗址,一处可能为区域性的中心遗址。

中商时期印纹硬陶分布地点包括洹北花园庄遗址、洹北花园庄东地遗址、郑州小双桥遗址、藁城台西遗址、泗水天齐庙遗址和邢台曹演庄遗址。以上遗址中洹北花园庄遗址与洹北花园庄东地遗址均属洹北商城,目前多数学者认为洹北商城为中商时期的都城遗址。关于郑州小双桥遗址的性质学界多存分歧,有人认为其为仲丁所迁隞都[②],还有学者认为小双桥遗址是商王室的重要祭祀遗址[③]。但小双桥遗址等级较高则无疑问,该遗址发现有大面积的夯土基址、青铜冶铸遗迹以及祭祀遗迹,是中商

① 山东大学历史文化学院考古系等:《济南大辛庄遗址 139 号商代墓葬》,《考古》2010 年第 10 期。
② 陈旭:《商代隞都探寻》,《郑州大学学报》1991 年第 5 期;陈旭:《郑州小双桥商代遗址的年代和性质》,《中原文物》1995 年第 1 期。
③ 张国硕:《小双桥商代遗址的性质》,《殷都学刊》1992 年第 4 期;河南省文物研究所:《郑州小双桥遗址的调查与试掘》,《郑州商城考古新发现与研究》,中州古籍出版社,1993 年。

时期重要的中心型遗址。藁城台西遗址发现一批高等级的墓葬和基址,可能为区域性的中心遗址。泗水天齐庙遗址和邢台曹演庄遗址未见反映高等级的遗存,暂定为普通性质的遗址,但对于邢台曹演庄遗址性质的判断还需更为充足的发掘材料。由此可见,中商时期印纹硬陶仍主要出土于高等级遗址中,但在普通遗址中也有少量发现。

晚商时期印纹硬陶大多出土于殷墟遗址,殷墟遗址之外仅见于罗山天湖墓地、济南大辛庄遗址等。殷墟遗址为晚商时期的都邑遗址,罗山天湖墓地的墓葬级别较高,大辛庄遗址则为晚商时期山东地区的中心型遗址。因此晚商时期印纹硬陶出土地点均为都邑类遗址和区域性中心。

从早商时期到晚商时期,印纹硬陶多出土于都邑类遗址、区域性中心以及高等级的墓地等。普通遗址出土印纹硬陶只出现在中商时期。这几类不同级别的遗址中只有都邑类遗址自早商到晚商时期均出土印纹硬陶。据此可知,印纹硬陶当是高等级的物质遗存。

（2）原始瓷器

早商时期原始瓷器的出土范围较广,包括郑州商城、垣曲商城、济南大辛庄遗址、巩县稍柴遗址、柘城孟庄遗址、华县南沙村遗址和耀县北村遗址等。郑州商城遗址为早商都邑遗址;垣曲商城和济南大辛庄遗址为区域性的中心遗址;对于巩县稍柴遗址、柘城孟庄遗址、华县南沙村遗址和耀县北村遗址的性质尚不能做出准确判断。如耀县北村遗址位于早商文化一个地方类型的范围中,由于考古发掘较少还难以对其定性。巩县稍柴遗址、柘城孟庄遗址、华县南沙村遗址都未发现反映高等级的遗存,因此暂归为普通遗址。

中商时期原始瓷器的出土地点有尹郭村南区和北区、磁县下七垣遗址、武安赵窑遗址、藁城台西遗址和郑州小双桥遗址。以上遗址级别最高的当属郑州小双桥遗址,其次为藁城台西遗址。磁县下七垣遗址、武安赵窑遗址自先商时期便据有重要地位,早商时期依然是商文化的重要遗址。尹郭村南区和北区遗址当属普通性质的遗址。

晚商时期原始瓷器主要出土于殷墟遗址、济南大辛庄遗址和辉县琉璃阁遗址。辉县琉璃阁遗址发现有高等级的墓葬。

从以上情况来看,晚商时期原始瓷器只见于等级较高的遗址。在早、中商时期则出土于不同等级的商文化遗址中。这表明早、中商时期原始瓷器在商文化遗址中使用较为普遍,有着广泛影响,这与前文论述的此时对原始瓷器的注重是相符合的。

同时出土印纹硬陶和原始瓷器的地点包括早商时期的郑州商城和济南大辛庄遗址;中商时期的郑州商城遗址、藁城台西遗址和郑州小双桥遗址;晚商时期的殷墟遗址、济南大辛庄遗址等。自早至晚,同时出土两类器物的遗址等级均较高,所以将这两类器物定性为高等级器物是合理的。

二、性质与关系

关于印纹硬陶和原始瓷器的性质尚未有学者做过专门研究,主要原因还是基础性研究的缺乏。根据前文多角度的分析,笔者对于印纹硬陶和原始瓷器的类型、区域特征、等级、功能等均有了基本认识。这些认识也是讨论两类器物性质的基础。以下对两类器物的性质做总结梳理,并对比讨论两类器物的关系。

1. 印纹硬陶和原始瓷器的性质

讨论印纹硬陶的性质,笔者将从功能、文化属性以及其所反映的等级状况三个方面着手。

首先,论述印纹硬陶的功能需要参考器物形制和器物出土单位的信息。印纹硬陶的主要器类包括罐、瓿和尊形器。其中印纹硬陶罐的器形与普通陶罐基本一致。从其出土单位来看,印纹硬陶罐多与铜容器位置相近。但未见与特定器类的组合关系,功能也难以明确。硬陶瓿的形制比较特别,没有可参照的对象。其在出土单位中多与大圆铜鼎和小圆铜鼎共出,难以判明其功能。关于尊形器的功能也暂时无法判断。尽管具体功能不明,但早、中商时期印纹硬陶多出土于灰坑和地层中,此时印纹硬陶可能更多的作为实用器使用。晚商时期的印纹硬陶多见于高等级的墓葬,极少见于居址中,说明此时印纹硬陶的作用可能发生了变化,主要以随葬品的形式出现。但这并不意味着晚商时期的印纹硬陶是专门的随葬明器。需知商周时期的青铜器同样多出土于墓葬中,但大部分的青铜器都非明器。

其次,关于印纹硬陶的文化属性问题。目前北方地区发现的印纹硬陶器均处于商文化的分布范围内。尽管前后期发生较大变化,但这类器物始终为商文化人群所使用,因此应是商文化系统的器物。

至于印纹硬陶所反映的等级状况。如前文所述,印纹硬陶在早、中商时期多出土于居址,此时高等级墓葬中尚未流行印纹硬陶器。晚商时期印纹硬陶基本都出土于高等级的墓葬中,出土遗址的等级也普遍较高,此时的印纹硬陶当代表了较高的等级。

对于原始瓷器的性质,同样可从功能、文化属性以及等级状况三个方面进行讨论。探讨原始瓷器的功能问题需要从器物形制入手。原始瓷器的主要器类为折肩尊。在商文化中，尊多作为酒器使用，原始瓷折肩尊侈口、折肩的形态也与商周时期的青铜尊相似。此外原始瓷折肩尊具有釉面光滑、吸水率低的特征，适于盛容流体。所以说原始瓷折肩尊作为酒器使用的可能性最大。豆一般作为食器使用是学界较为一致的看法，推测原始瓷豆也具有同样功用。普通陶罐器类复杂，功能也不尽一致，但中小型的陶罐中应有相当部分是作为水器使用。原始瓷罐与普通陶罐形制差别不大，其同为水器的可能性较大。因此，早、中商时期流行的原始瓷折肩尊主要作为酒器使用，到晚商时期主要器类变为豆、罐类的食、水器组合。

原始瓷器出土单位的信息也能为器物功能提供线索。前文分析表明早、中商时期的原始瓷器多作为高等级墓葬的随葬品出现。但在郑州商城的部分文化层中也出土有少量的原始瓷片，因此基本可排除其为专门的随葬明器的可能性。除了墓葬外，在郑州小双桥遗址的许多祭祀坑中也出土有原始瓷片，而殷墟遗址也有祭祀性房址（小屯 F10、F11）出土原始瓷器。这表明原始瓷器还作为祭祀用品使用。

再看原始瓷器的文化属性。通过对原始瓷器空间分布的梳理，可知北方地区出土的原始瓷器不仅均分布在商文化范围内，且从早商到晚商时期原始瓷器的分布范围的变化与商文化范围的变动有密切关联。这表明原始瓷器应是商文化系统的器物，为商文化人群所使用。

原始瓷器所代表的等级是学界关注的重要问题。以往学者们普遍认为原始瓷器多出土于高等级墓葬中，属于珍稀之物，代表了较高的等级。但少有学者能深入分析原始瓷器的出土背景。笔者将原始瓷器的出土单位分为墓葬和居址两类进行分析，结果表明从早商到晚商时期原始瓷器反映的等级状态并非一成不变。原始瓷器在早、中商时期多出土于高等级墓葬，代表了较高的社会等级；晚商时期的高等级墓葬中则罕见原始瓷器。另外殷墟一期到殷墟三期也极少发现原始瓷器。这些情况表明晚商时期原始瓷器受重视的程度较早、中商时期有所下降。

以上对印纹硬陶和原始瓷器的性质做出初步判断，限于材料许多问题尚无法定论，有待于进一步的工作。但根据上述信息已经足够讨论印纹硬陶和原始瓷器的关系。

2. 印纹硬陶和原始瓷器的关系

关于印纹硬陶和原始瓷器的关系问题，许多学者都发表过看法。虽然观点各异，但多数学者的关注点都在印纹硬陶是否是原始瓷器发展的前一阶段。对于同时期的印纹硬陶和原始瓷器,少有学者关注两类器物的异同,甚至认为印纹硬陶就是没有施釉的素烧的原始瓷器。上述倾向多缺乏确实的依据,具有较强的主观性。在前文笔者已经对印纹硬陶和原始瓷器进行了多角度的分析,并对两类器物的性质有了初步了解,这为讨论两类器物的关系奠定了基础。

首先,从类型学分析结果来看,北方地区商时期的印纹硬陶和原始瓷器是器类完全不同的两类器物。原始瓷器的主要器类如折肩尊、豆、壶、器盖等基本不与印纹硬陶的器类重合。印纹硬陶器的主要器类,如尊形器、瓿、瓿形器等同样不见于原始瓷器。这表明使用者对这两类器物进行了有意识的区分,两类器物的差别远不止一层薄釉。

其次,印纹硬陶和原始瓷器反映的文化背景也是截然不同的。以往学者多认为这两类器物均出土于高等级墓葬,实际情况则更为复杂。事实上,两类器物的出土背景在不同时期都存在差异。印纹硬陶在早、中商时期常见于居址之中,而到了晚商时期成为高等级墓葬的重要随葬品。原始瓷器则与之相反,早、中商时期多作为高等级墓葬的随葬品出土;到了晚商时期,大量的高等级墓葬中极少随葬原始瓷器。这种变化反映了商文化的随葬传统从早、中商时期重视原始瓷器转变为晚商时期对印纹硬陶的注重。从功能来讲,早、中商时期的原始瓷器主要为酒器,晚商时期则以食器和水器为主。对于印纹硬陶的功能则尚无充分认识,从器形推测以水器为主。

当然,印纹硬陶和原始瓷器之间不仅存在区别,也有一些共同点。从文化属性来讲,无论是印纹硬陶还是原始瓷器均属商文化系统器物。另外两者最主要的共同点表现在发展变化中的同步性。笔者注意到印纹硬陶和原始瓷器的器类、文化背景均在中、晚商之际同时发生了显著变化。既然两类性质不同的器物在短时间内均发生根本性的转变,对此最合理的一个推测就是这种转变或许与来源地的变化相关。在后文,笔者将纳入南方地区的同类材料进行对比研究,通过讨论产地问题以期对这种转变做出合理解释。

三、其他问题

1. 印纹硬陶、原始瓷器与普通陶器、白陶、铜器、漆器等的关系

探寻印纹硬陶、原始瓷器与普通陶器等其他器物之间的关系有助于理解印纹硬陶和原始瓷器的产地来源、文化属性和功能等多方面的问题。论述器物间的关系角度多种多样。以普通陶器为例,表面特征的联系可关注器形、纹饰,并且由此可讨论

器物间是否存在仿制现象。当然若要讨论仿制现象首先需要解决的是如何判断是这两类器物是仿制普通陶器还是普通陶器仿制这两类器物。要解决这个问题就需要关注其他器物的数量、分布、延续时间等等。如果存在仿制现象的普通陶器出现时间早于印纹硬陶和原始瓷器，且数量较多、分布范围广，属于商文化系统器物，则有理由判断是印纹硬陶和原始瓷器仿制普通陶器。反之，若普通陶器出土数量少、分布范围小、出现时间晚于印纹硬陶和原始瓷器，则可能是普通陶器仿制印纹硬陶和原始瓷器。除表面特征外，还可关注普通陶器与印纹硬陶和原始瓷器在功能、等级等方面的异同，讨论器物组合方式的关系以及不同质地器物间形成组合的可能性。为此，笔者对北方地区商时期普通陶器、白陶、铜器等进行全面检索，试图寻找其与这两类器物间的关联。选取对比材料时，应选取最具代表意义的陶器、铜器等资料。为此笔者主要引用《中国考古学·夏商卷》、《中国考古学·两周卷》中的代表性陶器进行对比，这种代表性陶器也多是陶器组合的主体。另外，鉴于中晚商之际印纹硬陶和原始瓷器发生较大的变化，该部分讨论分为早中商和晚商两个阶段进行。

早、中商时期，郑州商城的陶器、铜器材料可作为中原地区相关材料的代表，此时白陶较为罕见，不做讨论。此时的普通陶器器类较为丰富，主要器类包括鬲、斝、爵、簋、盆、大口尊等，且前后阶段无大的变化，故选取《中国考古学·夏商卷》中郑州商城一期陶器作为参考①。通过对比可见，此时的原始瓷器器类较为单一，主要为各类折肩尊；印纹硬陶则主要为罐和圜底尊，均与普通陶器差异显著，属于不同系统的器物（图1.7）。唯一可见的联系是陶大口尊的上半部与原始瓷折肩尊的形态较为相近（图1.7）。笔者通过进一步梳理认为两类器物之间确实存在某种联系。

早、中商时期的原始瓷器以折肩尊为主要器类。这类器物形制特殊，折沿、折肩，口部多饰平行弦纹，肩、腹部饰方格纹等纹饰。原始瓷折肩尊从早商时期延续到中商时期，晚商时期已基本不见。这类器物基本都出土于高等级墓葬中，功能应为酒器。

陶大口尊是商时期一类常见的陶器。这类陶器普遍见于各地商文化遗址中，数量较多。大口尊延续时间较长，在二里头文化中即已出现，后为商文化所继承，可视为商文化的一类典型陶器。这类器物与原始瓷折肩尊关系密切。从器形来看，两类器物均敞口、折肩、腹部斜直。这样的形制特征基本不见于其他陶器。此外这两类器物的口部多饰平行弦纹（图1.8）。

---

① 中国社会科学院考古研究所编著：《中国考古学·夏商卷》，中国社会科学出版社，2003年，第172页。

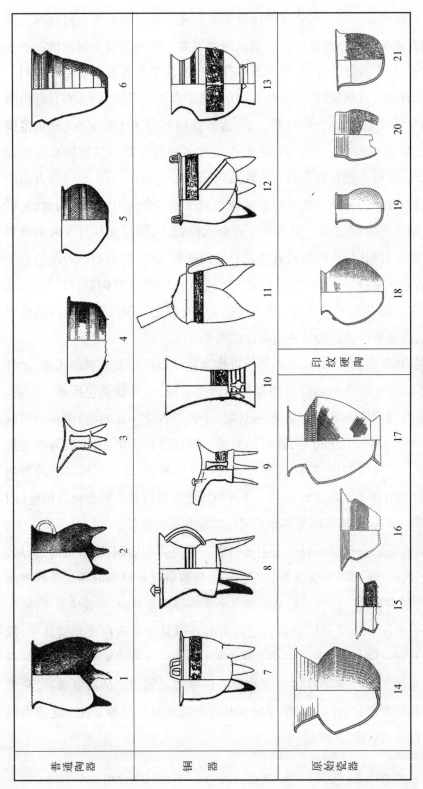

图 1.7　早、中商时期印纹硬陶和原始瓷器与其他器物对比图

1. 鬲 (二里岗 H9：36)　2. 斝 (二里岗 H9：362)　3. 鼎 (二里岗 H9：354)　4. 簋 (白家庄 C8M28：1)　5. 盉 (南关外 C5T61②：63)　6. 大口尊 (南关外 T87：46)　7. 鼎 (铭功路 M2：2)　8. 斝 (铭功路 M2：7)　9. 爵 (铭功路 M2：21)　10. 斝 (铭功路 M2：8)　11. 盉 (李家嘴 M2：20)　12. 盉 (李家嘴 M2：38)　13. 尊 (白家庄 M3：9)　14. 折肩深腹尊 (郑州商城 MGM2：1)　15，16. 折肩浅腹尊 H29：59，襄城台西 T8：036)　17. 圈足尊 (南顺城街 96ZSNH1下：229)　18. 敞口平底罐 (郑州商城 C9.1H142：49)　19. 高领尊 (郑州商城 C11T102②：77)　20. 高领尊 (襄城台西 T4：91)　21. 敞口直腹圈底尊 (襄城台西 H52：01)

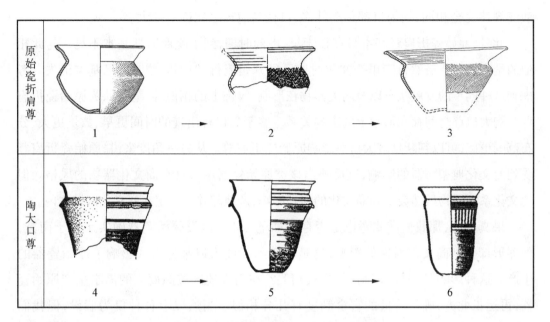

图 1.8　原始瓷折肩尊与陶大口尊对比图

1. 折肩尊(郑州商城 C5T4①：18)　2. 折肩尊(郑州小双桥 4 区 H29：16)　3. 折肩尊(藁城台西 T8：036)
4. 大口尊(偃师商城ⅦH44：5)　5. 大口尊(偃师商城ⅦH5：5)　6. 大口尊(郑州白家庄 C8T18②：25)

作为延续时间较长的两类器物,若原始瓷折肩尊与陶大口尊存在形制上的影响关系,那么这种影响在两类器物的演变过程中应当有所体现。笔者在前文关于原始瓷器的类型学分析中已对原始瓷折肩尊的演变做出判断。以郑州商城 C5T4①：18、郑州小双桥 4 区 H29：16、藁城台西 T8：036 三件原始瓷折肩尊为例,在类型学分析中,笔者将这三件器物定为原始瓷折肩尊中的 Ab 型敞口折肩浅腹尊。该型折肩尊数量最多、发展序列连贯,是原始瓷折肩尊中最为典型的一类。郑州商城、郑州小双桥、藁城台西的三件敞口折肩浅腹尊分别为该型Ⅰ式、Ⅱ式、Ⅲ式的代表器物,其演变规律是口部逐渐外侈,口径与肩径之比不断变大(图 1.8,1—3)。

再看大口尊的演变过程。笔者选取ⅦH44：5、偃师商城ⅦH5：5、郑州白家庄 C8T18②：25 三件典型的大口尊为例。依据出土单位年代和器物形制变化可将这三件大口尊也可分为三式:

Ⅰ式:偃师商城ⅦH44：5,敞口,口径等同于肩径(图 1.8,4)。

Ⅱ式:偃师商城ⅦH5：5,口较Ⅰ式略侈,口径略大于肩径(图 1.8,5)。

Ⅲ式:郑州白家庄 C8T18②：25,口较Ⅱ式更加外侈,口径大于肩径(图 1.8,6)。

从以上三件器物的式别变化中,可以看到大口尊的演变规律与原始瓷折肩尊的演变规律完全相同,均为口部逐渐外侈,口径与肩径之比逐渐变大。

此外,原始瓷折肩尊基本只存在于早、中商时期,到了晚商时期基本不见。与此相似的是陶大口尊虽然自二里头文化时期已经开始流行,但到殷墟时期已基本消失。考虑到这种同步的发展状态以及两类器物在形制、纹饰上的相似性,笔者认为原始瓷折肩尊与陶大口尊之间存在形制上的影响关系。鉴于大口尊出现的时间更早、数量更大、分布范围更广,可以判断是陶大口尊影响原始瓷折肩尊。从另一角度来讲,原始瓷折肩尊受到商文化典型陶器的影响,这反映出该类原始瓷器本身具有商文化器物的风格。但商文化系统器物虽然会受到商文化的强烈影响,产地却并不一定在商文化区域之内。

果真如此,那我们需要考虑是否存在如下可能:假设原始瓷器确实来源于南方,但器形却受到商文化因素的影响,这是否暗示了商人以某种形式影响了原始瓷器的生产。这种影响是否与"定制"的模式相关? 在南方地区按照商人的需求生产原始瓷器,再运抵北方,确与后世的官窑制度有几分相似。当然以上种种仅为假设,但我们需要重视这些假设真实存在的可能性。

至于早、中商时期的铜器,器类以鼎、斝、爵、觚、鬲、罍等为主。这些器类中,大部分器类均与印纹硬陶和原始瓷器存在明显差异(图1.7)。但值得注意的是南顺城街出土的原始瓷圈足尊具有较为明显的铜器风格,与铜罍的形态较为接近,另外两类器物的年代也大体同时(图1.7,13、17)。相较而言,铜罍出现的年代略早,数量更多,因此原始瓷圈足尊可能受到铜罍形制的影响。联系到前文分析提到了原始瓷折肩尊与陶大口尊的关系,基本可以判断早、中商时期的原始瓷器在一定程度上受到了商文化的影响。在考虑产地问题时,应更加关注前文所提出的关于"定制"的假设。

晚商时期的普通陶器在早、中商的基础上发生一些变化。以殷墟墓葬陶器为例,陶器类别主要包括鬲、簋、豆、觚、爵等。印纹硬陶和原始瓷器此时发生了更为根本的变化,相较而言,晚商时期的印纹硬陶和原始瓷器均与普通陶器差别显著,未见明显关联(图1.9)。晚商时期的铜器依然是对早、中商铜器的继承和发展,其形态也与印纹硬陶和原始瓷器明显属于不同体系(图1.9)。另外值得关注的是晚商时期出土有一定数量的白陶器。殷墟遗址出土的白陶器制作精致、多见于高等级墓葬中,因此有必要单独讨论。在晚商之前,新石器时期南北多个地点已经流行白陶器,二里头遗址中也出土有一些白陶,并有学者进行了科技分析①。根据鲁晓珂等学者的研究,二里头

---

① 鲁晓珂等:《二里头遗址出土白陶、印纹硬陶和原始瓷的研究》,《考古》2012年第10期。

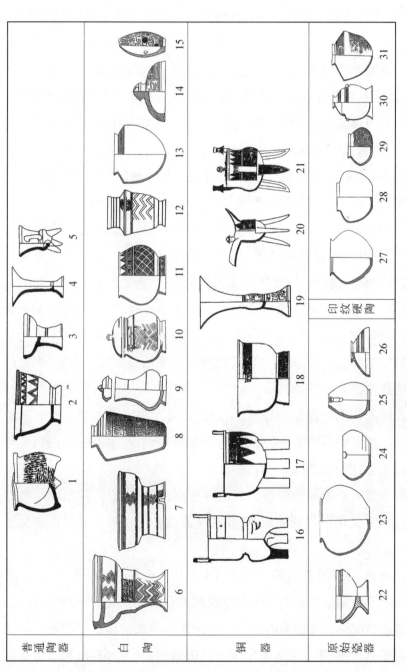

图 1.9　晚商时期印纹硬陶和原始瓷器与其他器物对比图

1. 鬲（苗圃北地 M17：1）　2. 簋（殷墟西区 M477：1）　3. 豆（苗圃北地 M175）　4. 甑（苗圃北地 M142）　5. 爵（苗圃北地 M142）　6,7. 豆（殷墟采集，YM331）　8. 簋（HPKM1001）　9. 卣（武官大墓）　10,11. 瓿（非发掘品,HPKM1001）　12. 罍（YM331）　13,31. 尊（YH066,殷墟西区墓地 M907：15）　14. 盖（HPKM1001）　15. 埙（YM333）　16. 甗（80 大司空 M539：38）　17. 鼎（80 大司空 M539：30）　18. 簋（80 大司空 M539：34）　19. 瓿（80 大司空 M539：34）　20. 爵（80 大司空 F11：62）　M539：33）　21. 斝（80 大司空 M539：35）　22. 豆（80 大司空 M539：3）　23. 折沿鼓腹罐（殷墟小屯 F11：61）　24. 敛口鼓腹罐（殷墟小屯 F11：50）　26. 器盖（殷墟小屯 84XTM34）　27. 敞口平底罐（殷墟小屯 84XTH94：3）　28. 直口平底罐（殷墟 M5：1319）　29. 敞口平底罐（殷墟郭家庄　25. 壶（殷墟小屯 F11：50）　26. 器盖（殷墟小屯 84XTM34）　27. 敞口平底罐（殷墟小屯 84XTH94：3）　28. 直口平底罐（殷墟 M5：1319）　29. 敞口平底罐（殷墟郭家庄　M177：6）　30. 瓶（殷墟武官北地 M229：4）

遗址的白陶、印纹硬陶和原始瓷器的胎料组成明显异于普通陶器的组成。白陶、印纹硬陶和原始瓷器的熔剂元素较低,多在 10% 以下,属于瓷石类型。另外白陶的烧成温度在 900—1 000℃ 之间①。该研究表明白陶在选料选择上更接近印纹硬陶和原始瓷,只是火候更低。

晚商时期的白陶器器类较为丰富,有豆、瓮、卣、瓿、罍、尊、器盖、埙等。与印纹硬陶和原始瓷器相比,器类明显更为丰富。器物造型与普通陶器和铜器均有密切关联,纹饰则多属铜器上常见的典型商风格纹饰(图 1.9)。种种迹象表明,白陶属于商文化系统器物,产地也应在商文化区域内部。值得注意的是殷墟出土的一件白陶尊与晚商时期的一件印纹硬陶尊均极为相似,是否受其影响还尚难定论(图 1.9,13、31)。

通过对商时期普通陶器、白陶、铜器的系统对比,可以初步得出如下认识。早、中商时期陶器、铜器的主体虽与印纹硬陶和原始瓷器有明显差异,但原始瓷折肩尊可能受到陶大口尊的影响;原始瓷圈足尊则可能与铜罍相关。考虑到该时期的原始瓷器多为尊,可以理解为早中商时期的原始瓷器多受到商文化铜、陶器的影响。正如前文所言,这种现象的意义在于,如果确认原始瓷器来源于南方某地,又显示出商文化的一些特征,则需要考虑"定制"的可能性。至于早、中商时期的印纹硬陶器则不见与其他器物的联系。从器物组合上来看,无论是印纹硬陶还是原始瓷器均与陶器、铜器的完整组合形式存在明显差别。

晚商时期的印纹硬陶和原始瓷器相较早、中商时期发生根本性变化。此时两类器物与普通陶器、白陶、铜器均不见明显联系,仅存个别特殊情况,如有一件白陶尊与一件印纹硬陶尊器形相近,但不宜定论。

总体而言,除早、中商时期的原始瓷器表现出一些商文化特征外,其余原始瓷器及印纹硬陶器均难以在商文化中找到关联,寻找其来源需要将视野扩展至商文化区域之外的广阔地区。

2. 晚商时期印纹硬陶、原始瓷器与西周早期同类材料的关系

研究晚商时期印纹硬陶和原始瓷器与西周早期同类器的关系有助于理解这两类器物在商周政权更替的情况下表现出来的状态。如果西周早期的印纹硬陶和原始瓷器明显继承了晚商时期的传统,那一方面表明了文化因素的进一步延续,另一方面则说明两类器物的产地来源可能并未发生变化。反之,若商末与周初的材料差异显著,

① 鲁晓珂等:《二里头遗址出土白陶、印纹硬陶和原始瓷的研究》,《考古》2012 年第 10 期。

则需要考虑产地来源变化的可能性。进一步结合商周之际的文化变迁现象,有可能确定产地的具体来源。

由于北方地区西周时期的印纹硬陶材料极少,不具备进行对比研究的基础。因此这里主要对晚商时期与西周早期的原始瓷器进行对比。当然,西周时期北方地区印纹硬陶材料的缺乏本身也能反映问题。晚商时期印纹硬陶尚有一定数量,且常出土于高等级的墓葬中。但西周时期周文化显然并未吸收随葬印纹硬陶器的传统。

再看原始瓷器,笔者选取殷墟小屯、洛阳北窑、张家坡墓地这样一些典型遗址出土的原始瓷器进行对比。通过对比,确实可以看到殷墟小屯出土的晚商时期原始瓷器与洛阳北窑、张家坡墓地西周早期的材料有着密切关联。殷墟小屯遗址所出的原始瓷罐与洛阳北窑墓地出土的原始瓷罐基本形制相似,只是洛阳北窑瓷罐较殷墟小屯瓷罐更为瘦高(图1.10,1、4);殷墟小屯所出的原始瓷豆与前掌大西周早期原始瓷豆近似,仅口部略有差别(图1.10,2、5);殷墟遗址出土的原始瓷尊也与前掌大西周早期原始瓷尊基本一致(图1.10,3、6)。原始瓷豆、罐在晚商时期和西周早期都属于原

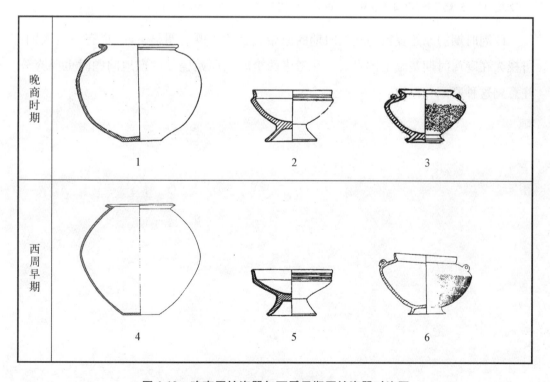

图1.10　晚商原始瓷器与西周早期原始瓷器对比图

1、4. 原始瓷罐(殷墟小屯 F11:61、洛阳北窑 M215:69)　2、5. 原始瓷豆(殷墟小屯 84XTH94:3、前掌大 BM119:48)　3、6. 原始瓷尊(殷墟小屯 M1、前掌大 M119:45)

始瓷器的主要器类,尤其是原始瓷豆在原始瓷器中的比例从晚商时期到西周早期一直居于首位。据此可认为西周早期的原始瓷器系统在很大程度上继承了晚商时期的传统。

另一方面,西周时期也出现了较多新器类,如矮体尊、高体尊、瓠形尊、矮体罍、附耳簋等(图 1.11)。这些器类均不见于晚商时期,整个西周时期原始瓷器的数量和类型都远较晚商时期更为丰富。西周时期可视为北方地区原始瓷器的发展、鼎盛期。

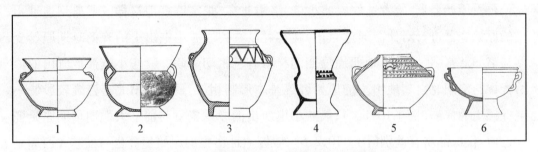

图 1.11　西周时期原始瓷器的部分新器类

1、2. 矮体尊(洛阳北窑 M442：1-1、鹿邑太清宫 M1：25)　3. 高体尊(前掌大 BM3：3)　4. 瓠形尊(洛阳林校 C3M230：1)　5. 矮体罍(应国墓地 M232：064)　6. 附耳簋(洛阳北窑 M202：1)

西周时期的原始瓷器与晚商时期的原始瓷器相比既有明显关联,也有一定区别,可视为在晚商时期基础上的发展。在考虑两个时期原始瓷器的产地问题时也要充分注意到这种联系与差异。

第二章　商时期印纹硬陶和原始瓷器的南北流通

北方地区出土的商时期印纹硬陶和原始瓷器自发现以来便引起学界关注。多数学者意识到这两类器物尤其是原始瓷器的珍稀性，并致力于产地问题的探讨。无论是从科技手段着手还是以传统方法分析，关于两类器物的研究论著颇丰，但尚无定论。总结而言，"南方来源说"[①]、"北方本地生产说"[②]和"多产地说"[③]是主要的三类观点。基本考古学分析的缺乏和科技分析中采样标准的失衡是以往研究中存在的主要问题。另外多数研究以确定产地作为最终目标，而缺乏对器物流通的文化背景的深入探讨。

笔者认为产地问题实质上属于物料流通的研究范畴。在此类研究中，确立产地当仅是研究的基础，还应进一步探索物料流通的文化背景，对于流通的形式、动因、内涵做全面讨论。为实现这一研究目标首先需要对流通起点、终点以及流通路线上的材料分别做详细分析，了解流通器物在不同地点的分布、使用情况，再做全面对比，方能对产地问题得出合理、深入的解答。前文笔者已对北方地区出土的商时期印纹硬陶和原始瓷器进行了全面研究，认为两类器物在早、中商和晚商之间发生显著变化。因此本章将在早、中商时期和晚商时期两个时间框架内分别讨论印纹硬陶和原始瓷器的产地问题，并尝试对这两类器物流通的文化背景做出阐释。

---

① 周仁、李家治、郑永圃：《张家坡西周居住遗址陶瓷碎片的研究》，《考古》1960 年第 9 期，第 48—52 页；罗宏杰、李家治、高力明：《北方出土原始瓷烧造地区的研究》，《硅酸盐学报》1996 年第 3 期，第 297—301 页；陈铁梅、Rapp G.Jr.、荆志淳、何驽：《中子活化分析对商时期原始瓷产地的研究》，《考古》1997 年第 7 期，第 39—52 页；陈铁梅、Rapp G.Jr.、荆志淳：《商周时期原始瓷的中子活化分析及相关问题讨论》，《考古》2003 年第 7 期，第 69—78 页。

② 安金槐：《谈谈郑州商代瓷器的几个问题》，《文物》1960 年第 8、9 期合刊，第 68—71 页；安金槐：《谈谈郑州商代的几何印纹硬陶》，《考古》1960 年第 8 期，第 26—28 页；李科友、彭适凡：《略论江西吴城商代原始瓷器》，《文物》1975 年第 7 期，第 77—84 页。

③ 朱剑、王昌燧等：《商周原始瓷产地的再分析》，《南方文物》2004 年第 1 期，第 19—22 页。

第一节　早、中商时期

早、中商时期,北方地区发现的印纹硬陶和原始瓷器主要出土于郑州商城遗址,此外在藁城台西、洹北商城、郑州小双桥、邢台、大辛庄、耀县北村、华县南沙村等遗址也有一定发现①。相比而言,南方地区同时期出土的印纹硬陶和原始瓷器在数量和类型上都更为丰富,如盘龙城遗址、吴城遗址、角山遗址、万年送嫁山和肖家山遗址、池湖遗址、马岭遗址、闽侯庄边山遗址以及浙江南山窑址等②。笔者对南北方印纹硬陶和原始瓷器分开进行了类型学分析,并在此基础上对南北方材料进行了全面对比。通过分析,笔者认为早、中商时期以郑州商城为代表的北方地区所见印纹硬陶和原始瓷器中,绝大部分类型均可在盘龙城遗址找到对应(图 2.1)。郑州商城出土的原始瓷折肩尊与盘龙城所见同类器在器形、纹饰上极为一致(图 2.1,5、6、11、12);郑州商城流行的印纹硬陶罐和尊形器与盘龙城出土的同类器明显属于同一来源(图 2.1,1—4、7—10)。除盘龙城外,北方地区流行的原始瓷折肩尊也见于吴城等多个地点(图 2.2,1、5)。北方地区多见的印纹硬陶尊形器在闽西北的池湖遗址等也见有相似器形(图 2.2,2、6)。此外郑州商城出土的印纹硬陶圆腹罐和折腹罐均可在万年肖家山、送嫁山找到对应器形(图 2.2,3、4、7、8)。除以上所列,在闽赣地区其他一些地点也可发现类

① 河南省文物考古研究所:《郑州商城 1953—1985 年考古发掘报告》,文物出版社,2001 年,第 673—674 页;河北省博物馆台西发掘小组等:《河北藁城县台西村商代遗址 1973 年的重要发现》,《文物》1974 年第 8 期,第 42—50 页;中国社会科学院考古研究所安阳工作队:《1998—1999 年安阳洹北商城花园庄东地发掘报告》,《考古学集刊》15,第 296—358 页;河南省文物考古研究所等:《1995 年郑州小双桥遗址的发掘》,《华夏考古》1996 年第 3 期,第 2 页;唐云明:《邢台曹演庄遗址发掘报告》,《考古学报》1958 年第 4 期,第 43—50 页;唐云明:《邢台尹郭村商代遗址及战国墓葬试掘报告》,《文物》1960 年第 4 期,第 42—46 页;河北省文物管理处:《磁县下七垣遗址发掘报告》,《考古学报》1979 年第 2 期,第 185—214 页;山东大学历史系考古专业等:《1984 年秋济南大辛庄遗址试掘述要》,《文物》1995 年第 6 期,第 12—27 页;陕西省考古研究所等:《陕西耀县北村遗址发掘简报》,《考古与文物》1988 年第 2 期,第 12—16 页;张忠培:《华县、渭南古代遗址调查与发掘》,《考古学报》1980 年第 3 期,第 297—327 页。

② 江西省文物考古研究所、樟树市博物馆:《吴城 1973—2002 年考古发掘报告》,科学出版社,2005 年,第 154 页;江西省文物工作队、鹰潭市博物馆:《鹰潭角山商代窑址试掘简报》,《江西历史文物》1987 年第 2 期,第 32—43 页;江西省文物工作队:《江西万年类型商文化遗址调查》,《东南文化》1989 年第 4、5 期;江西省文物管理委员会:《一九六一年江西万年遗址的调查和墓葬清理》,《考古》1962 年第 4 期;江西省文物管理委员会:《一九六二年江西万年新石器遗址墓葬的调查与试掘》,《考古》1963 年第 12 期;福建博物院:《福建光泽池湖商周遗址及墓葬》,《东南考古研究》第三辑,厦门大学出版社,2003 年,第 1—35 页;福建省博物馆等:《福建省光泽县古遗址古墓葬的调查和清理》,《考古》1985 年第 12 期,第 1095—1107 页;福建省文物管理委员会:《闽侯庄边山新石器时代遗址试掘简报》,《考古》1961 年第 1 期,第 40—45 页;福建省博物馆:《福建闽侯庄边山遗址发掘报告》,《考古学报》1988 年第 2 期,第 171—226 页;浙江省文物考古研究所、湖州市博物馆、德清县博物馆:《浙江东苕溪中游商代原始瓷窑址群》,《考古》2011 年第 7 期,第 3—8 页。

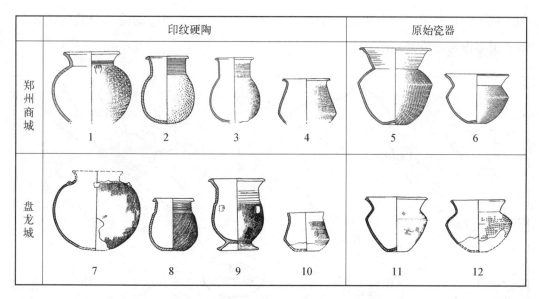

图 2.1　郑州商城与盘龙城印纹硬陶和原始瓷器对比图

1.罐（C11.H111：12）　2.高领折肩尊（C11T102②：77）　3.尊形器（C7T37②：151）　4.敛口卷沿折腹罐（C5T21①：72）　5.折肩深腹尊（MGM2：1）　6.折肩浅腹尊（C5T4①：18）　7.罐（PLZM3：18）　8.鼓腹罐（PLZH1：15）　9.鼓腹尊（PLWM3：4）　10.折肩斜腹尊（PYWT5④：5）　11.折肩斜腹尊（PLWM6：6）　12.折肩斜腹尊（PYWM7：02）

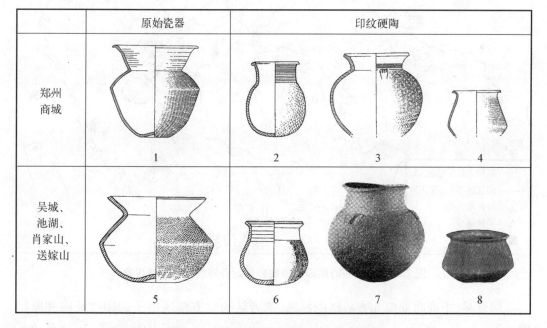

图 2.2　郑州商城与吴城等地器物对比图

1、5.折肩深腹尊（郑州商城 MGM2：1、吴城 1986QSWT16③：12）　2、6.高领折肩尊（郑州商城 C11T102②：77、池湖积谷山 M9：51）　3、7.罐（郑州商城 C11.H111：12、万年肖家山）　4、8.敛口卷沿折腹罐（郑州商城 C5T21①：72、万年送嫁山 M3）

似的例子。这些流通情况可能仅是部分的流通内容,至于当时的流通全貌还需依赖未来更多的考古发现(图2.3)。

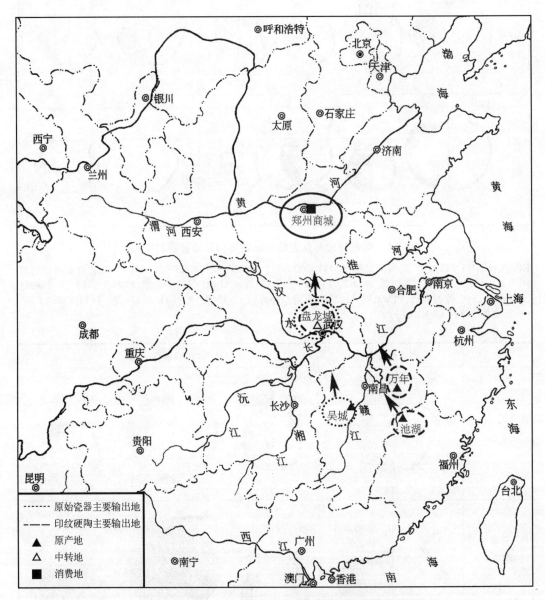

图2.3　早、中商时期印纹硬陶和原始瓷器的部分流通现象

　　综合早、中商时期南北方各地的材料,笔者认为北方地区出土的印纹硬陶和原始瓷器在南方地区的盘龙城以及吴城、池湖、万年肖家山、送嫁山等遗址中均可找到对应。其中盘龙城遗址见有北方地区几乎全部类型的印纹硬陶和原始瓷器。联系到早、中商时期盘龙城遗址当是商王朝在南方地区的控制中心,笔者认为该时期北方地

区出土的印纹硬陶和原始瓷器可能来源于吴城、池湖等多个地点,其中有部分印纹硬陶和原始瓷器可能在盘龙城遗址汇集之后再输往北方地区,当然也不排除直接传播的可能性。至于盘龙城遗址本身是否也生产这两类器物则尚难判定。

关于早、中商时期原始瓷器产地问题的讨论中,各类科技手段多有运用。较为经典的研究可以陈铁梅等先生利用中子活化分析技术所做的分析为代表[1]。他们认为商代各遗址出土的原始瓷器可能是由南方的吴城及附近地区生产,但不排除其他地方试图生产甚至成功生产出少量原始瓷器的可能性。盘龙城原始瓷器应为本地生产,但盘龙城同时使用由吴城地区输入和本地烧制的原始瓷器。可见陈铁梅等先生所得出的结论与笔者的分析结论较为一致。另外金志斌先生利用 ICP 设备对商周时期南北各地的材料进行了分析。他认为早、中商时期北方地区出土的原始瓷器与江西鹰潭角山样品显示出一致特征[2]。种种证据表明,早、中商时期北方地区出土的印纹硬陶和原始瓷器当有吴城等多个来源,盘龙城遗址或许发挥着转运中心的作用。

确立了器物的来源地,仍需要进一步理解器物流通的内涵,是单纯器物的流通抑或是器物与器用观念的同时传播? 这需要掌握两类器物在流通起点和终点的各自使用情况。根据前文分析可知,以郑州商城为代表的北方地区出土的印纹硬陶和原始瓷器是性质截然不同的两类器物,器形上基本不存在重合,使用上也存在显著差异。换言之,商人对两类器物进行了有意识的区分和使用。反观南方地区的材料,无论是吴城、盘龙城还是其他地区的材料,多见印纹硬陶和原始瓷器器形重合的现象。如吴城出土的印纹硬陶有折肩尊、盂等器形,同样的器形也见于原始瓷器(图 2.4,1—6)。盘龙城出土的尊和尊形器也既有印纹硬陶又有原始瓷器的形式(图 2.4,7—10)。盘龙城的高等级墓葬中出土不少印纹硬陶和原始瓷器,但未见使用上的明显差别。吴城等其他地点出土的印纹硬陶和原始瓷器也不见出土背景的显著差异。由此可见,这两类器物在南北流通中,仅是单纯器物层面的流通,商人将两类器物赋予了新的器用制度进行使用。

另外需要说明的是,尽管笔者认为北方地区出土的材料来源于南方多个地点,但总的来说,南方各地的印纹硬陶和原始瓷器与北方地区的材料相比区别远大于

① 陈铁梅、Rapp G.Jr.、荆志淳、何驽:《中子活化分析对商时期原始瓷产地的研究》,《考古》1997 年第 7 期,第 39—52 页。
② 金志斌:《部分商周遗址出土原始瓷及印纹硬陶的 ICP - AES 研究》,北京大学硕士论文,2009 年,第 78 页。

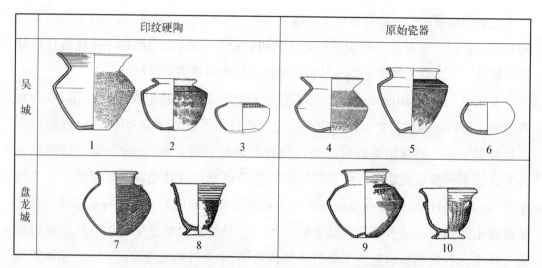

图 2.4　吴城、盘龙城出土器形重合的印纹硬陶和原始瓷器

1、2、4、5. 折肩尊(1986QSWT14③A：5、1973QSW 采：1、1986QSWT16③：12、1974QSWT9(A)④：1)　3、6. 盂(1975QSWT6③：639、1975QSWT6④：12)　7、9. 尊(PLWM3：15、PLWM10：2)　8、10. 尊形器(PYZT3⑤：29、PYWM9：5)

联系。无论是吴城、盘龙城还是马岭、庄边山等地点出土的器物,有相当部分都不见于北方地区,一些地点的器物具有显著的当地风格。以下从器形和纹饰两个方面做简要分析。

　　闽西北区的马岭遗址出土的印纹硬陶器类包括高领罐、盂、长嘴盂、带把罐、单錾壶等,这些器物地域色彩浓厚,基本不见其他区域(图2.5,11—15)。属闽东区的闽侯庄边山遗址出土的印纹硬陶器以长颈罐、篹、器座、网坠、纺轮和豆为主,同样风格独特,不见于北方地区(图2.5,16—20)。吴城遗址出土的早、中商时期印纹硬陶器包括矮领窄折肩尊、罍、盂以及垂腹罐等(图2.5,1—4)。这与北方地区以罐和尊形器为主要器类的印纹硬陶器差别显著。即便是与北方关系最为密切的盘龙城遗址也有圈足尊等多类器物不见于北方地区(图2.5,9—10)。

　　再看原始瓷器的情况。北方地区早、中商时期的原始瓷器以原始瓷折肩尊为主要器类。相较而言,吴城遗址早、中商时期原始瓷器的主要器类以盂、罍为主(图2.5,5)。闽西北区的马岭遗址和闽东区的闽侯庄边山遗址都未出土早、中商时期的原始瓷器。盘龙城依然有双折肩尊、罐、尊形器等原始瓷器不见于北方地区(图2.5,6—8)。

　　从纹饰来看,北方地区出土的印纹硬陶和原始瓷器主要纹饰基本相同,均为方格纹、云雷纹、席纹、篮纹、人字纹等。南方各地的纹饰则更为复杂。马岭遗址出土的印纹硬陶器未见人字纹,其流行的主要纹饰如重回对角交叉纹、勾连回形纹、菱形填线纹

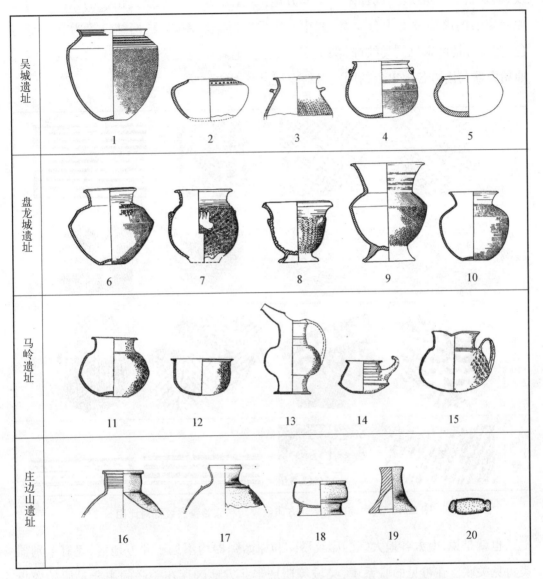

图2.5　早、中商时期南方各地出土的特殊类型硬陶器和原始瓷器

1. 矮领窄折肩尊(1974秋 QSWT7⑤：25)　2. 盂(1975QSWT6③：639)　3. 垂腹罐(1974秋 QSWT7⑤：15)
4. 盂(1974秋 QSWT3④：11)　5. 盂(1975QSWT6④：12)　6. 双折肩尊(PLWM10：2)　7. 鼓腹罐(PWZT9
⑧：12)　8. 尊形器(PYWM9：5)　9. 圈足尊(PLWM1：8)　10. 折肩尊(PLZM2：4)　11. 高领罐(M1：1)
12. 盂(M1：9)　13. 长嘴盉(M2：5)　14. 带把罐(M1：17)　15. 单錾壶(M1：6)　16. 长颈罐(T7③：9)
17. 长颈罐(T8③：30)　18. 簋(T62③：60)　19. 器座(T37③：19)　20. 网坠(T62③：8)　(5—8为原始瓷
器,其余为硬陶器或不确定器)

等也不见于北方地区（图2.6）。庄边山遗址出土的印纹硬陶纹饰包括蕉叶纹、水波纹、刻划斜线三角纹等，同样未见于北方地区（图2.6）。吴城遗址出土的印纹硬陶和原始瓷器的纹饰种类十分丰富，其中米字纹、花瓣纹、圈点纹、网结纹等为其自身特色，在北方地区未见同类纹饰（图2.6）。据此，笔者认为北方地区出土的印纹硬陶和原始瓷器与南方各地出土的同类材料表现出较大的差异。

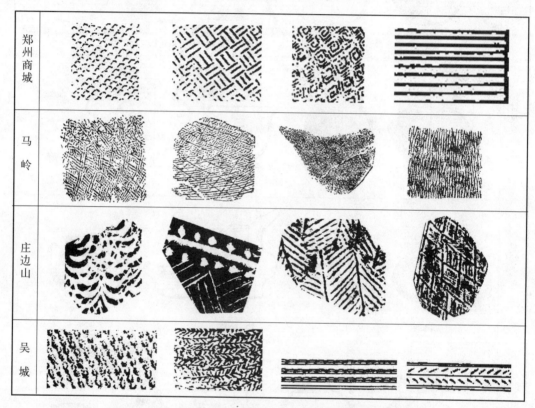

图2.6　早、中商时期南北方印纹硬陶和原始瓷器纹饰对比图

也就是说，南方各地大宗的印纹硬陶和原始瓷器均不见于北方地区，仅有个别器类可见关联。在可见的联系中，吴城等遗址与北方地区存在关联的主要是原始瓷折肩尊，而池湖、肖家山、送嫁山等遗址等则与北方地区的印纹硬陶有更为密切的联系。根据这些现象，笔者推测商人对印纹硬陶和原始瓷器可能遵循固定的选择标准。在不同的地区侧重于选取不同器物。因此早、中商时期印纹硬陶和原始瓷器的流通过程是，商人在南方的吴城、池湖、肖家山、送嫁山等多个地点根据需要选取器物，其中有部分器物或许通过盘龙城遗址转运至北方地区，也可能进行直接传播。对于所获取的印纹硬陶和原始瓷器，商人又设立了新的器用制度进行使用。

第二节　晚　商　时　期

晚商时期,北方地区出土的印纹硬陶和原始瓷器基本都出于殷墟遗址①。南方地区的材料可以湖南的对门山—费家河类遗存、浙北的南山窑址、粤闽的浮滨文化、闽西北的白主段类遗存、闽东的黄土仑文化以及江西的吴城文化为代表②。通过对南北方材料进行系统的对比,笔者认为殷墟遗址所见的一类形制特殊的硬陶瓿当源于长江中游地区的对门山—费家河类遗存(图 2.7,1、2、6、7)。这类硬陶瓿在当地发现数量较多,当是具有土著风格的器物。另外殷墟所见的硬陶器盖也可在对门山—费家河类遗存中找到对应(图 2.7,3、8)。殷墟遗址出土的原始瓷尊和豆则与浙北南山窑址出土的原始瓷器一致,浙北地区当同为来源之一(图 2.7,4、5、9、10)。此外也不能排除其他区域作为来源地的可能,这有赖于进一步的考古工作。可见晚商时期,北方地区出土的印纹硬陶和原始瓷器来源发生一些变化,但依然源于长江中游、下游的多个地点(图 2.8)。

从流通器物的类型来看,在对门山—费家河类遗存中,硬陶瓿的器形也有很多施有黄白或青灰色釉的原始瓷器形式,但商人仅选取了其中的硬陶瓿。东苕溪原始瓷窑址群出土的遗物以原始瓷豆为主,另有罐、器盖、簋、尊、盆、盘、钵、盂等各种器类。尽管类型丰富,但其中可能流通至北方地区的仅有豆、尊等有限的类别。可见晚商时期商人对于印纹硬陶和原始瓷器依然进行了有意识地选择。除以上地点外,南方其他地区出土的印纹硬陶和原始瓷器与北方地区的材料相比罕

---

① 安阳亦工亦农文物考古短训班等:《安阳殷墟奴隶祭祀坑的发掘》,《考古》1977 年第 1 期,第 27 页;中国社会科学院考古研究所安阳工作队:《1969—1977 年殷墟西区墓葬发掘报告》,《考古学报》1979 年第 1 期,第 27—157 页;中国社会科学院考古研究所:《殷虚妇好墓》,科学出版社,1980 年,第 218 页;中国社会科学院考古研究所安阳工作队:《安阳殷墟刘家庄北 1046 号墓》,《考古学集刊》15,文物出版社,2004 年;中国社会科学院考古研究所:《安阳郭家庄商代墓葬》,中国大百科全书出版社,1998 年;徐广德:《河南安阳市郭家庄东南 26 号墓》,《考古》1998 年第 10 期,第 36—47 页;中国社会科学院考古研究所安阳工作队:《河南安阳市殷墟孝民屯东南地商代墓葬 1989~1990 年的发掘》,《考古》2009 年第 9 期。
② 湖南省博物馆、岳阳地区文物工作队、岳阳市文管所:《湖南岳阳费家河商代遗址和窑址的探掘》,《考古》1985 年第 1 期;郭胜斌、罗仁林:《岳阳县对门山商代遗址发掘报告》,《湖南考古辑刊》6,岳麓书社,1994 年,第 73 页;浙江省文物考古研究所等:《浙江东苕溪中游商代原始瓷窑址群》,《考古》2011 年第 7 期,第 6 页;广东省博物馆、饶平县文化局:《广东饶平县古墓发掘简报》,《文物资料丛刊》8,文物出版社,1983 年;广东省博物馆、大埔县博物馆:《广东大埔县古墓葬清理简报》,《文物》1991 年第 11 期。福建省博物馆等:《福建省光泽县古遗址古墓葬的调查和清理》,《考古》1985 年第 12 期,第 1095—1107 页;福建省博物馆:《福建闽侯黄土仑遗址发掘简报》,《文物》1984 年第 4 期,第 23—37 页;江西省文物考古研究所、樟树市博物馆:《吴城 1973—2002 年考古发掘报告》,科学出版社,2005 年。

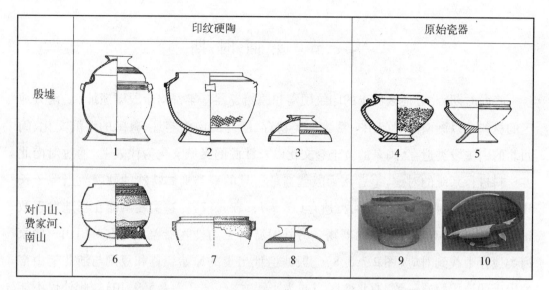

图 2.7　殷墟遗址与对门山、费家河、南山遗址出土硬陶器和原始瓷器对比图

1、2、6、7. 硬陶瓿(殷墟武官北地 M229∶4、殷墟孝民屯 M1278∶1、对门山遗址 T2H7③∶34、费家河遗址 H1[下]∶11)　3、8. 硬陶器盖(殷墟小屯 84XTM34、对门山遗址 H1②∶46)　4、9. 尊(殷墟小屯 M1∶1、南山 T202②40)　5、10. 豆(殷墟 84XTH94∶3、南山 T402⑧∶4)

见关联。

同样从器形、纹饰两个角度来进行对比。首先来看印纹硬陶,闽西北地区的白主段遗址出土的印纹硬陶器主要有长腹罐、折肩尊、钵、釜、瓿、豆等,不见北方地区流行的硬陶瓿、硬陶罐(图 2.9,7—12)。闽东地区黄土仑遗址的印纹硬陶器以杯口双系壶、豆、鬶形壶、罍形器、瓿为代表,属于当地土著文化系统,与北方地区材料差别较大(图 2.9,13—18)。吴城遗址出土的印纹硬陶延续之前早、中商时期的传统,流行盂、罍等,均不见于北方地区(图 2.9,1—3)。以浮滨文化为代表的粤东闽南地区在晚商时期基本不见印纹硬陶器。

再看原始瓷器的情况,晚商时期闽西北地区的白主段遗址基本不见原始瓷器;闽东地区的黄土仑遗址同样未见原始瓷器。吴城遗址出土的原始瓷器同样以各类盂、罐、尊为主(图 2.9,4—6);粤东闽南地区的浮滨文化流行原始瓷大口尊、带把壶、深腹豆、陶圈足壶、葫芦形壶、小罐等,均具有显著的地域风格(图 2.9,19—25)。

纹饰反映的情况与器形基本一致。北方地区晚商时期的印纹硬陶和原始瓷器主要纹饰大体相同,主要有小方格纹、指甲纹、席纹、绳纹、弦纹等。此时南方各地区出土的印纹硬陶和原始瓷器多延续上一阶段的纹饰风格,与北方地区差异较大(图 2.10)。因此,依据器形和纹饰,均可看到南北两地材料的巨大差异。

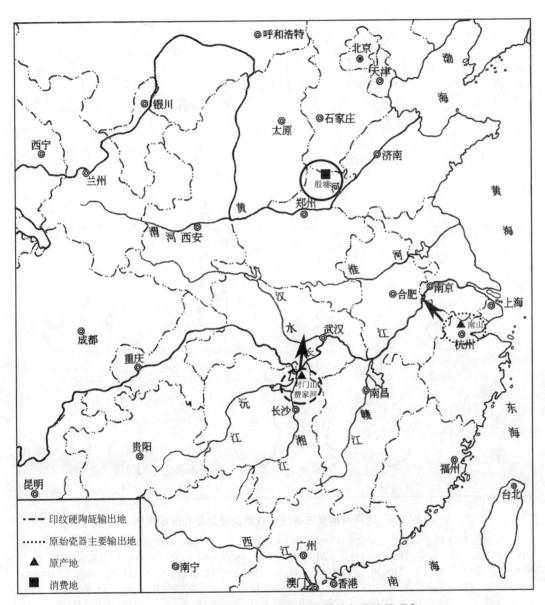

图 2.8　晚商时期印纹硬陶和原始瓷器的部分流通现象

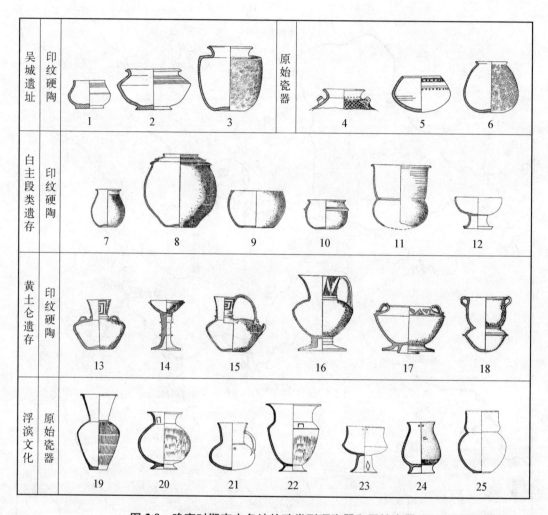

图 2.9　晚商时期南方各地特殊类型硬陶器和原始瓷器

1. 盂（1974 秋 QSWT7⑤：59）　2. 盂（1974QSWT9（A）③：33）　3. 罍（1974QSWT9（B）③：13）　4. 罐（1979QSW 采：3）　5. 盂（1986QSWT18③：20）　6. 垂腹罐（1986QSW（E）T5J1：3）　7. 长腹罐（M5：4）　8. 尊（M3：3）　9. 钵（M5：2）　10. 釜（M4：2）　11. 瓿（M5：3）　12. 豆（M5：1）　13. 杯口双系壶（M1：4）　14. 豆（M2：4）　15. 鬶形壶（M3：13）　16. 圈足鬶形壶（M7：3）　17. 罍形器（M3：10）　18. 瓿（M18：3）　19. 大口尊（广东饶平古墓）　20. 圈足大口尊（金采：2）　21. 带把壶（结采：5）　22. 圈足大口尊（金采：1）　23. 深腹豆（M7：5）　24. 陶圈足壶（M1：5）　25. 葫芦形壶（金采：15）

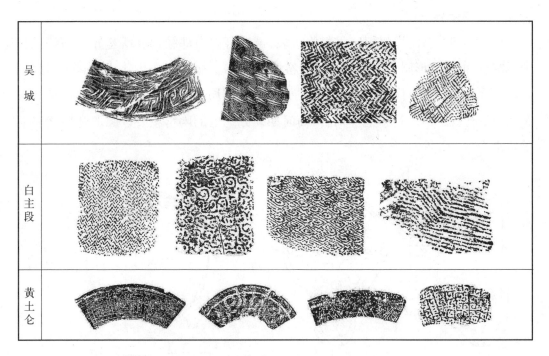

图 2.10　早、中商时期南方印纹硬陶和原始瓷器特征性纹饰

第三节　窑　炉　证　据

若要全面了解印纹硬陶和原始瓷器的生产问题,还需对南北窑业遗存做简要讨论。目前关于陶窑的研究已有相当数量,关于北方地区的窑炉研究,主要参考张明东先生的研究进行说明。他认为对于陶窑的分类标准,大体有三种方法[①]。一种是以窑炉中的火焰方向进行分类,主要包括升焰、半倒焰、全倒焰、平焰四种[②]。由于火焰的方向不同,窑炉内的温度也会有差异,从而直接影响到产品质量。第二种分类方法是依据陶窑外形分类,包括圆形窑、葫芦形窑、馒头窑、龙窑等。事实上窑炉的外形往往也与火焰方向有关。如圆形窑可能多为升焰,龙窑则多为平焰。另外一种分类方法是依据窑室与火膛的相对位置进行区别,包括同穴窑、横穴窑、竖穴窑等。这些分类方法表明,窑炉的功能受到多重因素的影响,包括火焰方向、窑炉形制、内部构造等,不同类别的窑炉可能有着不同的窑内温度和烧成气氛,从而

---

① 张明东:《黄河流域先秦陶窑研究》,《古代文明》第 3 卷,文物出版社,2006 年。
② 刘可栋:《试论我国古代的馒头窑》,《中国古陶瓷论文集》,文物出版社,1982 年。

造成产品的差异。

早、中商时期,以郑州商城材料为代表,虽然窑炉内部结构有所差异,或有窑柱,或无窑柱,但整体形制多为升焰的圆形窑(图2.11)。张明东先生认为,到晚商时期,在河北邢台东先贤商代遗址发现了目前最早的半倒焰窑(图2.12,1)。另外此时升焰窑依旧流行(图2.12,2)。总体而言,商时期北方地区的陶窑主要以圆形升焰窑和半倒焰窑为主。

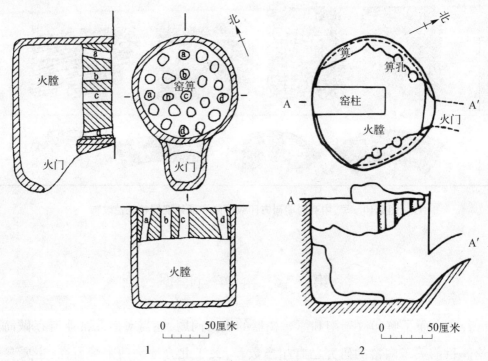

图2.11 早、中商时期郑州商城陶窑

1. 郑州商城 Y2 平剖面图　2. 郑州商城铭功路 Y110 平剖视图

图1采自河南省文物考古研究所:《河南郑州商城宫殿区夯土墙1998年的发掘》,《考古》2000年第2期,第43页。

图2采自河南省文物研究所:《郑州市商代制陶遗址发掘简报》,《华夏考古》1991年第4期,第6页。

相较而言,此时南方地区的陶窑形式更为丰富。以福建浦城猫耳山窑群为例,该窑群在商时期既有横穴式升焰窑、半倒焰窑(图2.13),同时也出现平焰的龙窑[1](图2.14,1)。据碳十四测年,猫耳山发现的龙窑(Y4、Y8)年代相当于商代早期。在福建苦寨坑窑址也发现有商时期烧制原始瓷器的龙窑遗迹。龙窑是技术更为进步的形式,容积更大,窑内温度更高,是生产印纹硬陶和原始瓷器的重要手段。

---

[1] 郑辉:《福建先秦窑炉的发现与研究》,《南方文物》2013年第1期。

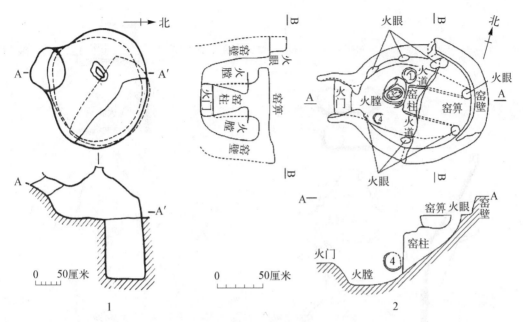

图2.12　晚商时期中原地区陶窑

1. 邢台东先贤Y2平、剖面图　2. 刘家庄北地2008AGDDⅡY5平剖面及前视图

图1采自邢台东先贤考古队:《邢台东先贤商代遗址发掘报告》,《古代文明》第1卷,文物出版社,第395页。

图2采自中国社会科学院考古研究所安阳工作队:《河南安阳市殷墟刘家庄北地制陶作坊遗址的发掘》,《考古》2012年第12期,第46页。

　　除福建外,浙江湖州南山窑址也发现有商时期烧制原始瓷器的龙窑,年代定为商代晚期①(图2.14,2)。江西的吴城和鹰潭角山遗址也发现有龙窑遗迹②。根据前文分析,这些发现龙窑遗迹的区域恰好也显示出与北方印纹硬陶和原始瓷器的密切关系,可能为北方材料的来源地。从这一角度而言,这些地区拥有龙窑这种先进的生产手段,而北方地区则缺乏烧制印纹硬陶、原始瓷器的技术基础,两类产品来源于上述南方地区也易于理解。

　　综合早、中商时期和晚商时期的情况,可见印纹硬陶和原始瓷器尽管都源于南方的多个地点,但到晚商时期具体的来源仍发生一些变化。与来源地变化相对应的是北方地区出土的印纹硬陶和原始瓷器在器类、使用上也有根本性转变③。早中商时期流行的原始瓷折肩尊已经消失,原始瓷豆、罐成为主要器类。早中商时期流行的印纹

① 浙江省文物考古研究所、湖州市博物馆:《浙江湖州南山商代原始瓷窑址发掘简报》,《文物》2012年第11期。

② 江西省文物考古研究所、樟树市博物馆:《吴城1973—2002年考古发掘报告》,科学出版社,2005年;李荣华、周广明、杨彩娥、赵建华:《鹰潭角山发现大型商代窑址——中国原始青瓷烧造年代向前推进千余年》,《南方文物》2001年第1期。

③ 黎海超:《黄河流域商时期印纹硬陶和原始瓷器研究》,《考古与文物》2014年第3期。

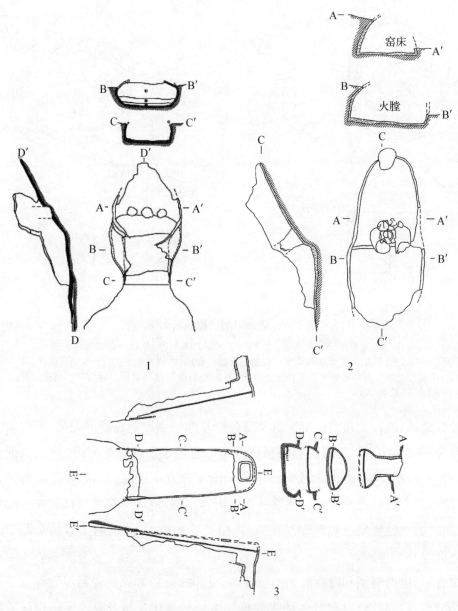

图 2.13　福建浦城猫耳山陶窑

1. 横穴式升焰窑（Y7）　2. 半倒焰窑（Y3）　3. 平焰龙窑（Y8）

图 1—3 采自郑辉：《福建先秦窑炉的发现与研究》，《南方文物》2013 年第 1 期，第 97、98 页。

硬陶尊形器等器类不见于晚商时期，以硬陶瓿和罐为代表的器类在晚商时期开始流行。再看两类器物的功能，早、中商时期，原始瓷折肩尊主要随葬于高等级的铜器墓葬中，可能作为酒器使用。到晚商前段，原始瓷器变得极为罕见，直到晚商后段才有一些发现。并且原始瓷器少见于高等级墓葬中，器类也变为豆、罐类的食、水器。印

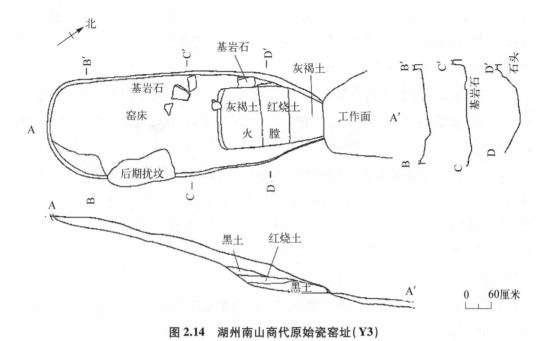

图 2.14　湖州南山商代原始瓷窑址(Y3)

图增 2.4 采自浙江省文物考古研究所、湖州市博物馆:《浙江湖州南山商代原始瓷窑址发掘简报》,《文物》2012 年第 11 期,第 6 页。

纹硬陶在早、中商时期主要出于居址中,但晚商时期开始较多地出现于妇好墓等高等级墓葬中。

　　以上变化发生在中晚商之际这一特殊节点,若要理解这种变化就需考虑当时的考古学背景。从商文化的分布范围来看,商文化在历经早、中商时期的扩张之后,到晚商时期除在山东地区有东进趋势外,其他地区尤其是长江流域的商文化普遍内缩。最具代表性意义的是盘龙城遗址的废弃。笔者认为盘龙城遗址在南方的一个重要作用当是作为商王朝的资源集纳据点存在。通过盘龙城这一桥梁,长江流域与北方地区之间形成了资源、文化交流通道。其中铜料资源可能是南北资源流通的主要内容,印纹硬陶和原始瓷器或许只是流通路线中的附属产品。随着中商时期盘龙城遗址的废弃,长江流域各地随之出现了三星堆、宁乡、新干等各具特色的铜器群,各地土著文化兴起。显然对南方地区失去控制的商王朝,无法继续以直接设置据点的方式来获取资源。反观长江流域,尽管各地土著文化差异显著,但以长江流域式尊、罍为代表的器物可将长江流域串联为一体。高放射性成因铅类型的原料又普遍见于殷墟以及长江流域各铜器群,这类重要的金属原料将南北关联起来。种种现象表明,此时商王朝与长江流域之间可能形成了一种以铜料资源、铜器技术、用铜观念为主要载体的新的资源、文化互动关系。在这种资源流通体系的变化中,印纹硬陶和原始瓷器作为流通资源的一部分也发生了显著变化。因此,追本溯源,商文化的变迁可能促动了南北文化交流模式的变动,从而影响到印纹硬陶和原始瓷器的来源。两类器物来源的异动反之又可能造成了商文化内部所用的印纹硬陶和原始瓷器在器形和使用上都发生较大改变。当然,支持这一因果论断还需更为充足的证据,此处仅是提出一种尝试性的解读。

北方地区商时期印纹硬陶和原始瓷器的产地问题历经多年争论而"始终无果",这与研究方法和思路上的问题不无相关。物料流通是一个极为复杂的问题,单纯以绝对的"北方说"或笼统的"南方说"概以论之对于这个问题的解决并无裨益。以往的研究中竭力在南北各地寻找完全对应的材料,由此而忽视了一些显而易见的联系,这种思路是建立在单一来源地的基础上。

笔者认为北方地区出土的商时期印纹硬陶和原始瓷器源于南方当无疑问,但并非来自单一地点。早、中商时期的材料主要源于盘龙城、吴城、池州等多个地点,其中可能有部分器物通过盘龙城转运至北方地区。从中商到晚商时期,随着盘龙城遗址的废弃,长江流域各地土著文化兴起。商王朝与长江流域土著文化间可能形成了新的资源流通体系。此时印纹硬陶和原始瓷器的来源地发生一些变化,但依然包括长江中游对门山—费家河类遗存和长江下游南山窑址等多个来源。来源地的变化又进一步促使两类器物在器形、使用上也发生改变。无论是早、中商时期还是晚商时期,商人均对两类器物进行了有意识地选择,并确立了新的器用制度。就文化背景而言,印纹硬陶和原始瓷器可能只是当时南北资源、文化交流中的"次要产品",金属资源可能才是流通中的主要内容。由此,我们可基本了解这两类器物的整个流通过程。

物料流通是考古学研究中的重要课题。对于物料具体产地的确立仅是研究的首要一步,而不能局限于此。唯有将流通器物在起点和终点分别进行全面的分析、对比,并对流通的具体内涵和文化背景进行阐释,才能将这一课题的研究从对"物"的观察升华到对"人"的研究。

第三章　西周时期北方地区
原始瓷器研究

西周时期北方地区出土的原始瓷器在类型的丰富程度和数量上都达到顶峰。西周各诸侯国的高等级墓葬中，原始瓷器也形成了较为规范的器用制度。相较而言，印纹硬陶在西周时期极少发现。因此本章集中于对西周时期原始瓷器的探讨。以往对于西周时期原始瓷器的研究同样以产地问题为中心，缺乏基础性研究。本章首先对材料进行类型学分析，再结合对器物出土背景的考察，来讨论原始瓷器的类型、区域特征、使用人群的族群属性、器物反映的等级以及原始瓷器的组合等问题。通过以上角度的分析可对北方地区原始瓷器的性质产生全面认识，这也是讨论产地问题的基础。

第一节　类型学分析

目前已发表的材料中，北方地区出土的西周时期原始瓷器已超过五百件，其中以完整器或基本完整器物为主。这些材料绝大多数出于墓葬，分布范围包括陕西、河南、山西、山东、北京、河北、甘肃等省份，以河南、陕西地区最为集中（图3.8）。具体而言，西周时期出土原始瓷器的地点有陕西岐山贺家[1]、凤雏[2]，扶风召陈[3]、庄李[4]、杨家堡[5]、黄堆

① 陕西省博物馆：《陕西岐山贺家村西周墓葬》，《考古》1976年第1期；陕西周原考古队：《陕西岐山贺家村西周墓发掘报告》，《文物资料丛刊》8，文物出版社，1983年。
② 陕西周原考古队：《陕西岐山凤雏村西周建筑基址发掘简报》，《文物》1979年第10期。
③ 陕西周原考古队：《扶风召陈西周建筑群基址发掘简报》，《文物》1981年第3期。
④ 周原考古队：《陕西周原遗址发现西周墓葬与铸铜遗址》，《考古》2004年第1期。
⑤ 罗西章：《陕西扶风杨家堡西周墓清理简报》，《考古与文物》1980年第2期。

老堡子①，西安长安普渡村②、沣西③，宝鸡纸坊头④、茹家庄⑤、阳平高庙村⑥；河南洛阳北窑⑦、洛阳林校车马坑⑧、洛阳车站西周墓⑨，濬县辛村⑩，平顶山应国墓地⑪，鹿邑长子口⑫，襄县西周墓⑬；山西天马—曲村⑭、晋侯墓地⑮，翼城大河口⑯，绛县横水⑰；山东滕州前掌大⑱、庄里西⑲、济阳刘台子⑳；北京房山琉璃河㉑；甘肃灵台白草坡㉒等。除以上发表资料外，还有一些采集或征集的材料，如鹤壁市西周原始瓷为征集所得㉓，潢川李老店材料属采集品㉔。这些材料缺乏考古背景，均未纳入本书中。

　　关于原始瓷器器类的定名、分类问题，由于北方地区出土的西周时期原始瓷器类

① 罗红侠：《扶风黄堆老堡三座西周残墓清理简报》，《考古与文物》1994 年第 3 期；周原博物馆：《1995 年扶风黄堆老堡子西周墓清理简报》《文物》2005 年第 4 期。

② 陕西省文物管理委员会：《长安普渡村西周墓的发掘》，《考古学报》1957 年第 1 期。

③ 中国科学院考古研究所：《沣西发掘报告》，文物出版社，1962 年；中国社会科学院考古研究所沣西发掘队：《1976—1978 年长安沣西发掘简报》，《考古》1981 年第 1 期；中国社会科学院考古研究所：《张家坡西周墓地》，中国大百科全书出版社，1999 年；中国社会科学院考古研究所沣西发掘队：《1984 年沣西大原村西周墓地发掘简报》，《考古》1986 年第 11 期；中国社会科学院考古研究所丰镐工作队：《1997 年沣西发掘报告》，《考古学报》2000 年第 2 期。

④ 卢连成、胡智生：《宝鸡强国墓地》，文物出版社，1988 年。

⑤ 卢连成、胡智生：《宝鸡强国墓地》，文物出版社，1988 年。

⑥ 宝鸡市考古工作队、宝鸡市博物馆：《宝鸡县阳平镇高庙村西周墓群》，《考古与文物》1996 年第 3 期。

⑦ 洛阳市文物工作队：《洛阳北窑西周墓》，文物出版社，1999 年。

⑧ 洛阳市文物工作队：《洛阳林校西周车马坑》，《文物》1999 年第 3 期。

⑨ 河南省文化局文物工作队第二队：《洛阳的两个西周墓》，《考古通讯》1956 年第 1 期。

⑩ 中国科学院考古研究所：《濬县辛村》，科学出版社，1964 年。

⑪ 河南省文物考古研究所、平顶山市文物管理局：《平顶山应国墓地 I》，大象出版社，2012 年。

⑫ 河南省文物考古研究所、周口市文化局：《鹿邑太清宫长子口墓》，中州古籍出版社，2000 年。

⑬ 河南省博物馆：《河南襄县西周墓发掘简报》，《文物》1977 年第 8 期。

⑭ 北京大学考古学系商周组、山西省考古研究所：《天马—曲村》，科学出版社，2000 年。

⑮ 北京大学考古学系、山西省考古研究所：《天马——曲村遗址北赵晋侯墓地第二次发掘》，《文物》1994 年第 1 期；北京大学考古学系、山西省考古研究所：《天马——曲村遗址北赵晋侯墓地第四次发掘》，《文物》1994 年第 8 期；北京大学考古学系、山西省考古研究所：《天马——曲村遗址北赵晋侯墓地第五次发掘》，《文物》1995 年第 7 期；北京大学考古文博院、山西省考古研究所：《天马——曲村遗址北赵晋侯墓地第六次发掘》，《文物》2001 年第 8 期。

⑯ 山西省考古研究所大河口墓地联合考古队：《山西翼城县大河口西周墓地》，《考古》2011 年第 7 期。

⑰ 山西省考古研究所、运城市文物工作站、绛县文化局：《山西绛县横水西周墓地》，《考古》2006 年第 7 期；山西省考古研究所、运城市文物工作站、绛县文化局：《山西绛县横水西周墓发掘简报》，《文物》2006 年第 8 期。

⑱ 中国社会科学院考古研究所：《滕州前掌大墓地》，文物出版社，2005 年。

⑲ 滕县博物馆：《山东滕县发现滕侯铜器墓》，《考古》1984 年第 4 期。

⑳ 德州地区文化局文物组、济阳县图书馆：《山东济阳刘台子西周墓地第二次发掘》，《文物》1985 年第 12 期；山东省文物考古研究所：《山东济阳刘台子西周六号墓清理报告》，《文物》1996 年第 12 期。

㉑ 北京市文物研究所：《琉璃河西周燕国墓地》，文物出版社，1995 年；北京市文物研究所、北京大学考古学系：《1995 年琉璃河遗址墓葬区发掘简报》，《文物》1996 年第 6 期。

㉒ 甘肃省博物馆文物队：《甘肃灵台白草坡西周墓》，《考古学报》1977 年第 2 期。

㉓ 刘荷英：《河南鹤壁市发现原始瓷青釉豆》，《考古》1994 年第 8 期。

㉔ 安金槐：《对于我国瓷器起源问题的初步探讨》，《考古》1978 年第 3 期。

型较多,但各报告对于同类器物往往有不同命名,容易造成混乱。例如本书所指的尊、罍的命名就多有分歧,有的称壶①,也有称罐者②。本书进行统一界定,以大口者为尊,小口者为罍。另外尊、罍均有高、矮之别,高、矮不同的尊和罍在某些时段共存,故又以高矮为标准分成高体尊、矮体尊、高体罍、矮体罍四类器物。瓮、罐也是容易混淆的名称,两者差别当仅在于大小。本书所收材料中基本无器形特大可称为瓮者,故统一以罐名之。

北方地区西周时期原始瓷器以豆、尊、罍、罐、簋等为主,下面结合器物形态特征进行类型学划分。由于资料限制,笔者未能对各类型器物的具体数量做精确统计,因此这里仅以相对多少的概念予以表示。

豆,数量最多。根据口部形态分为三型。

A 型:数量较多,侈口和直口。根据口部形态进一步分为三个亚型。

Aa 型:数量极少,无沿。标本:济阳刘台子 M3:9,釉色不明(图 3.1,1)。

Ab 型:数量较少,窄沿。标本:前掌大 BM3:43,通体施青灰色釉(图 3.1,2)。

Ac 型:数量较多,宽沿。根据豆盘深度分为两式。

AcⅠ式:数量较多,豆盘深。标本:前掌大 BM119:48,盘内外施豆青色釉(图 3.1,3)。

AcⅡ式:数量较多,豆盘浅。标本:晋侯墓地 M33:152,施黄绿色釉(图 3.1,8)。

B 型:数量较多,敛口。根据口沿及圈足形态分为两个亚型。

Ba 型:数量较多,宽沿。标本:洛阳北窑 M307:1,釉色不明(图 3.1,4)。

Bb 型:数量较少,特宽沿。根据豆盘深度和圈足高度分为两式。

BbⅠ式:数量较少,豆盘深,圈足矮。标本:琉璃河ⅡM207:1,胎呈淡红色,釉为浅绿色(图 3.1,5)。

BbⅡ式:数量较少,豆盘深,圈足高。标本:黄堆老堡子 95FHM55:24,豆青色釉(图 3.1,9)。

C 型:数量较多,曲口。根据口沿形态分为三个亚型。

Ca 型:数量较多,窄沿。标本:琉璃河ⅠM52:5,釉色不明(图 3.1,6)。

Cb 型:数量较多,宽沿。根据豆盘深度分为两式。

CbⅠ式:数量较多,标本:前掌大 BM3:37,通体施灰绿色釉(图 3.1,7)。

---

① 山东省文物考古研究所:《山东济阳刘台子西周六号墓清理报告》,《文物》1996 年第 12 期。
② 滕县博物馆:《山东滕县发现滕侯铜器墓》,《考古》1984 年第 4 期。

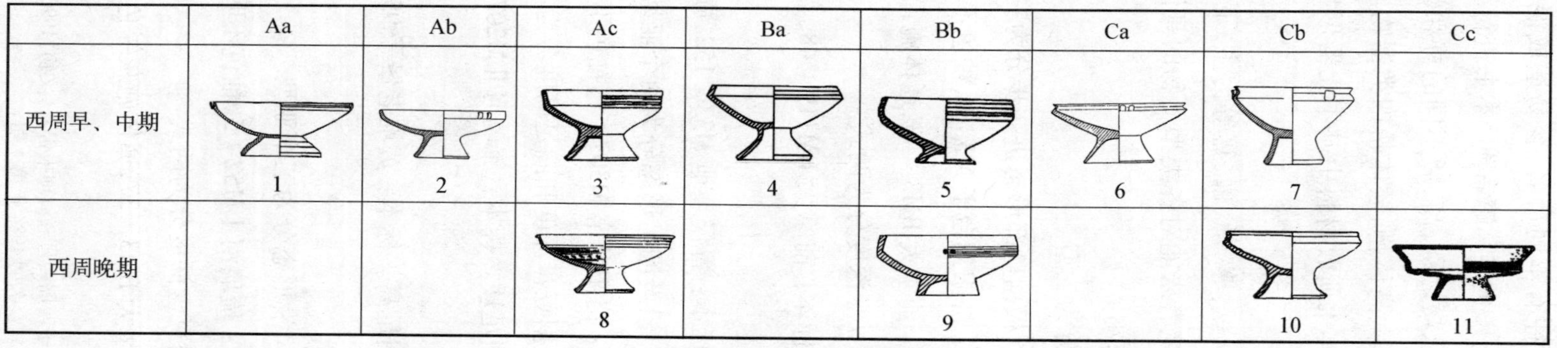

图 3.1　原始瓷豆的类型划分

1. Aa 型豆(济阳刘台子 M3：9)　2. Ab 型豆(前掌大 BM3：43)　3. Ac 型Ⅰ式豆(前掌大 BM119：48)　4. Ba 型豆(洛阳北窑 M307：1)　5. Bb 型Ⅰ式豆(琉璃河Ⅱ M207：1)　6. Ca 型豆(琉璃河Ⅰ M52：5)　7. Cb 型Ⅰ式型豆(前掌大 BM3：37)　8. Ac 型Ⅱ式豆(晋侯墓地 M33：152)　9. Bb 型Ⅱ式豆(黄堆老堡子 95FHM55：24)　10. Cb 型Ⅱ式豆(张家坡 M304：13)　11. Cc 型豆(凤雏 T43[3B]：8)

Cb Ⅱ式：数量较少，标本：张家坡 M304：13，施青色釉（图 3.1,10）。

Cc 型：数量较少，特宽沿。标本：凤雏 T43(3B)：8，灰胎，黄灰色釉（图 3.1,11）。

矮体尊，数量较多。根据口部形态分为两型。

A 型：数量较多，敞口。根据器身整体形态分为两式。

A Ⅰ式：数量较多，器身整体矮宽。标本：洛阳北窑 M442：1－1，釉色不明（图 3.2,1）。

A Ⅱ式：数量较少，器身整体稍瘦高。标本：洛阳北窑 M139：23，通体饰黄绿色釉（图 3.2,2）。

B 型：数量极少，大敞口。标本：鹿邑太清宫 M1：25，器身内外施有青灰色釉（图 3.2,3）。

高体尊，数量较少。根据口沿和圈足形态分为两式。

Ⅰ式：数量较少，卷沿，直圈足。标本：前掌大 BM3：3，器身施灰绿色釉（图 3.2,4）。

Ⅱ式：数量较少，折沿，斜圈足。标本：张家坡 M129：02，胎色黄白，除圈足外，器表施豆青色釉（图 3.2,6）。

瓠形尊，数量较少。根据领部形态分为两式。

Ⅰ式：数量较少，斜领。标本：洛阳林校 C3M230：1，胎色灰白，除底及近底处不施釉外，其余部分内外施灰绿色釉（图 3.2,5）。

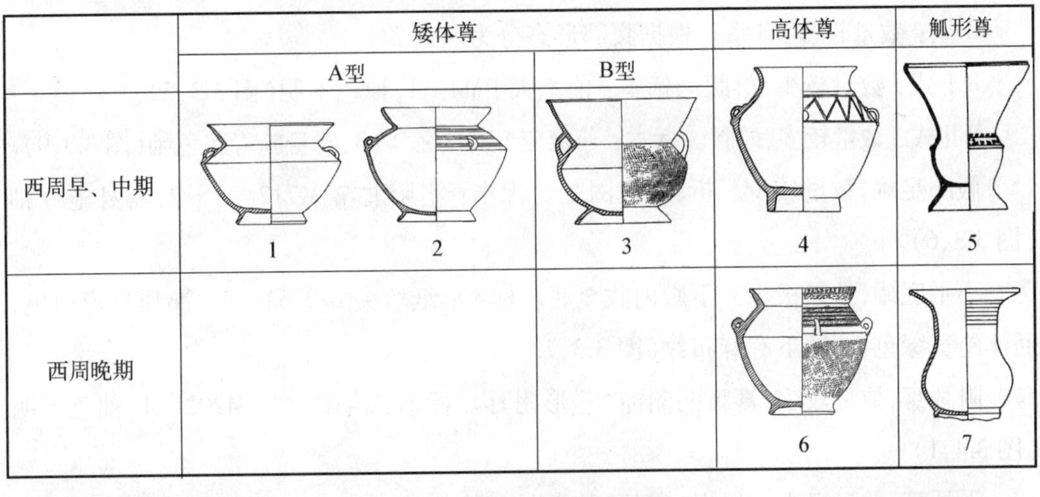

图 3.2　原始瓷尊的类型划分

1. A 型 Ⅰ 式矮体尊（洛阳北窑 M442：1－1）　2. A 型 Ⅱ 式矮体尊（洛阳北窑 M139：23）　3. B 型矮体尊（鹿邑太清宫 M1：25）　4. 高体尊 Ⅰ 式（前掌大 BM3：3）　5. 瓠形尊 Ⅰ 式（洛阳林校 C3M230：1）　6. 高体尊 Ⅱ 式（张家坡 M129：02）　7. 瓠形尊 Ⅱ 式（洛阳北窑 M403：1－3）

Ⅱ式：数量极少，直领。标本：洛阳北窑 M403：1－3，通体内外施黄绿色釉（图3.2,7）。

高体罍，数量较多，根据口部形态分为两型。

A 型：数量较多，敞口。根据下腹部形态分为两式。

AⅠ式：数量较多，下腹为斜腹。标本：琉璃河Ⅰ M52：1，釉色不明（图3.3,1）。

AⅡ式：数量较少，下腹为弧腹。标本：黄堆老堡 FHM25：48，釉色不明（图3.3,10）。

B 型：数量极少，直口。标本：洛阳北窑 M6：6，通体内外施青色釉（图3.3,2）。

矮体罍，数量较少。根据上腹部形态分为两型。

A 型：数量较少，上腹为斜腹。标本：应国墓地 M232：064，胎为灰白色，内外满施青釉（图3.3,3）。

B 型：数量极少，上腹为曲腹。标本：黄堆老堡 FHM25：47，釉色不明（图3.3,11）。

平底罐，数量较多。根据肩部有系与否分为两型。

A 型：数量较多，无系。根据器身整体形态分为两式。

AⅠ式：数量较多，器身最大腹径位于中部。标本：前掌大 BM3：7，除器底外，通体施豆青色釉（图3.3,4）。

AⅡ式：数量较多，器身最大腹径位于中部偏上。标本：洛阳北窑 M139：24－1，器表施绿釉（图3.3,8）。

B 型：数量较多，有系。根据腹部形态分为两式。

BⅠ式：数量较少，折腹。标本：前掌大 BM4：1，釉色不明（图3.3,5）。

BⅡ式：数量较多，鼓腹。标本：茹家庄 BRM1 乙：63，器身施青灰色釉（图3.3,9）。

假圈足罐，数量较少。折腹，假圈足。标本：洛阳北窑 M712：1－2，器身施绿釉（图3.3,6）。

小平底罐，数量极少。下腹内收至底。标本：纸坊头 BZFM1：37，胎质呈青白色，通体施黄绿色釉，釉下有麻布纹（图3.3,7）。

附耳簋，数量较少，簋腹两侧饰"S"形附耳。标本：洛阳北窑 M202：1，釉色不明（图3.4,1）

无耳簋，数量极少。根据口部形态分为三型。

A 型：数量极少，大敞口。标本：平顶山应国墓地 M84：29，釉色不明（图3.4,2）。

B 型：数量极少，侈口。标本：濬县辛村，釉色不明（图3.4,3）。

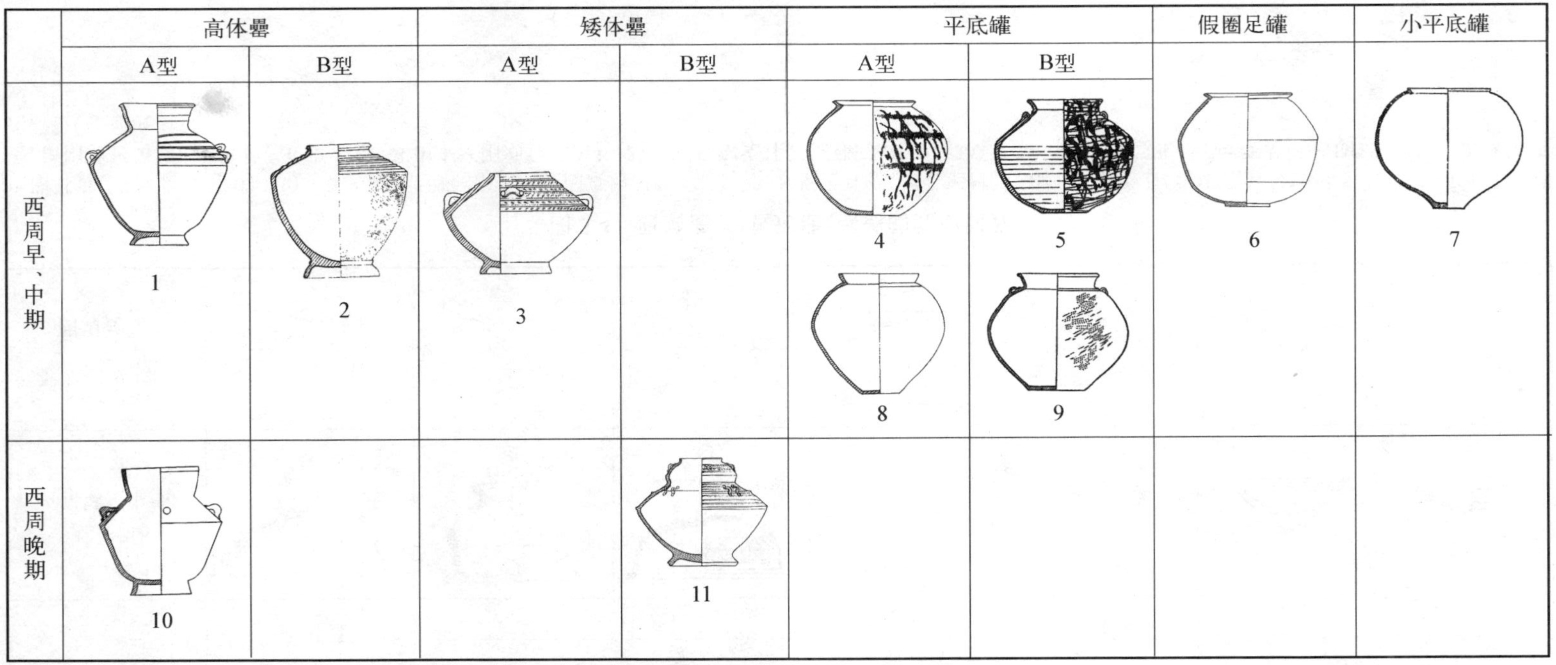

图 3.3　原始瓷罍、罐的类型划分

1. A 型 I 式高体罍（琉璃河 I M52：1）　2. B 型高体罍（洛阳北窑 M6：6）　3. A 型矮体罍（应国墓地 M232：064）　4. A 型 I 式平底罐（前掌大 BM3：7）　5. B 型 I 式平底罐（前掌大 BM4：1）　6. 假圈足罐（洛阳北窑 M712：1-2）　7. 小平底罐（纸坊头 BZFM1：37）　8. A 型 II 式平底罐（洛阳北窑 M139：24-1）　9. B 型 II 式平底罐（黄堆老堡 FHM25：47）　10. A 型 II 式高体罍（茹家庄 BRM1 乙：63）　11. B 型矮体罍（黄堆老堡 FHM25：48）

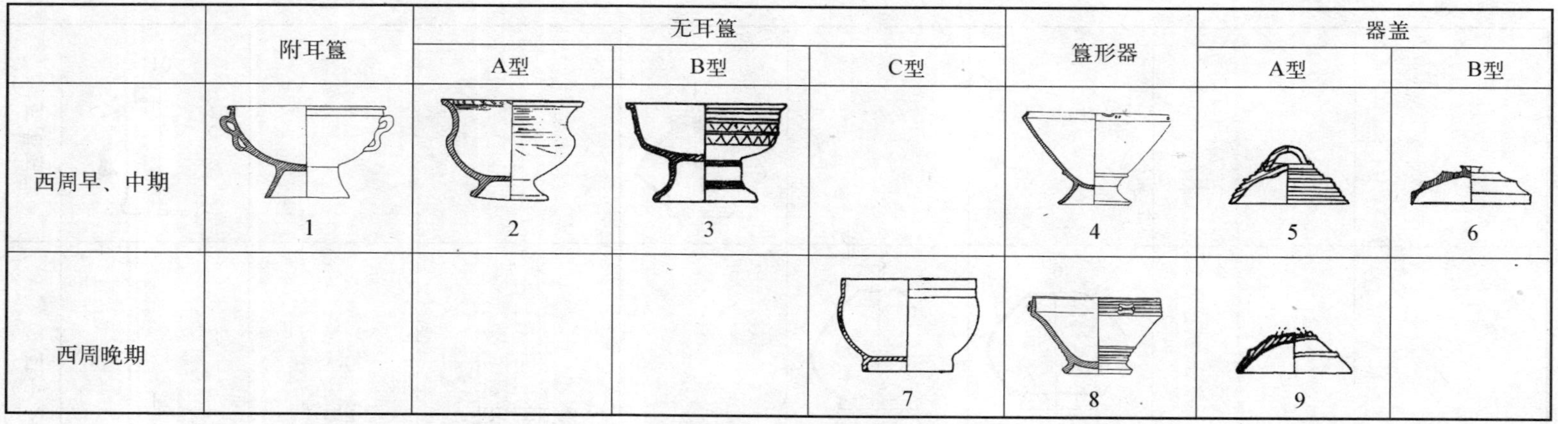

图 3.4　原始瓷簋、簋形器、器盖的类型划分

1. 附耳簋(洛阳北窑 M202 : 1)　2. A 型无耳簋(平顶山应国墓地 M84 : 29)　3. B 型无耳簋(潢县辛村)　4. I 式簋形器(洛阳北窑 M250 : 5 - 1)　5. A 型 I 式器
盖(洛阳北窑 M221 : 1 - 1)　6. B 型器盖(山东济阳刘台子 M4 : 2)　7. C 型无耳簋(召陈 FCT101[3A] : 7)　8. II 式簋形器(黄堆老堡 FHM25 : 55)　9. A 型 II
式器盖(张家坡 M32 : 04)

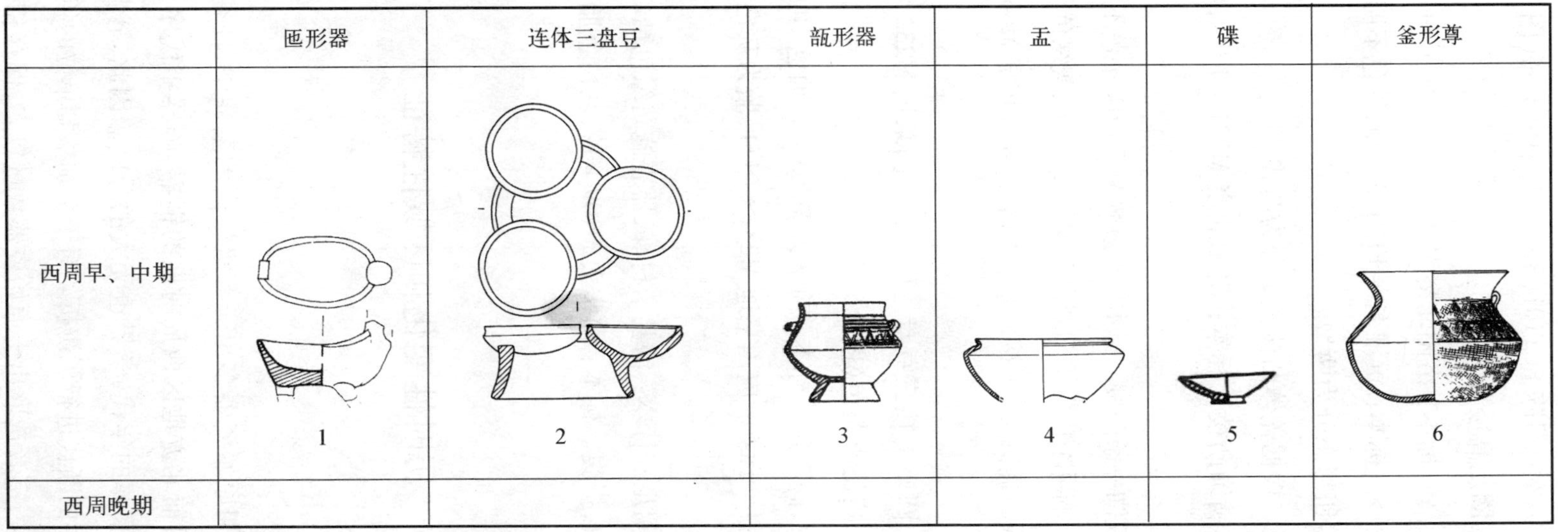

图3.5　其他类型原始瓷器

1. 匜形器（洛阳北窑 M668：2）　2. 连体三盘豆（应国墓地 M232：074）　3. 甑形器（前掌大 M203：1）　4. 盂（应国墓地 M232：0111）　5. 碟（潘县辛村）　6. 釜形尊（前掌大 M109：12）

C 型：数量极少,直口。标本：召陈 FCT101(3A)：7,釉色不明(图 3.4,7)。

簋形器,数量较少。根据圈足高矮分为两式。

Ⅰ式：数量较少,圈足较高。标本：洛阳北窑 M250：5－1,釉色不明(图 3.4,4)。

Ⅱ式：数量极少,圈足较矮。标本：黄堆老堡 FHM25：55,釉色不明(图 3.4,8)。

器盖,数量较少。根据盖钮形态分为两型。

A 型：数量较少,桥形钮。根据盖体凸棱数量分为两式。

AⅠ式：数量较少,盖体满饰凸棱。标本：洛阳北窑 M221：1－1,釉色不明(图 3.4,5)。

AⅡ式：数量极少,盖体仅饰一条凸棱。标本：张家坡 M32：04,釉色不明(图 3.4,9)。

B 型：数量极少,圆形钮。标本：山东济阳刘台子 M4：2,白胎,灰绿色釉(图 3.4,6)。

匜形器,数量极少。横截面椭圆形,下接四足。标本：洛阳北窑 M668：2,施青色釉(图 3.5,1)。

连体三盘豆,数量极少。圆座上接三豆盘。标本：应国墓地 M232：074,胎为灰白色,豆盘表面、内壁施青釉,略泛土黄色(图 3.5,2)。

瓿形器,数量极少。折腹,高圈足。标本：前掌大 M203：1,釉色不明(图 3.5,3)。

盂,数量极少。折肩,斜腹。标本：应国墓地 M232：0111,胎为灰白色,器身内外施青釉(图 3.5,4)。

碟,数量极少。斜腹,矮圈足。标本：浚县辛村碟,器表施黄绿色釉(图 3.5,5)。

釜形尊,数量极少。敞口,折腹。标本：前掌大 M109：12,灰白色胎,通体施淡青色釉(图 3.5,6)。

第二节　历时性变化和区域性特征

一、历时性变化

北方地区发现的西周时期原始瓷器多出于等级较高的墓葬中,往往伴出数量较多的铜器、陶器等随葬品。目前北方地区西周时期的铜器、陶器年代序列已较完备,对于出土原始瓷器的大部分墓葬的年代,学界也无大的分歧。因此,笔者在确定原始瓷器的年代时,对报告、简报中的断代进行了辨析。对于个别墓葬单位的年代,笔者也做出了相应调整。综合以上看法,笔者选取出土原始瓷器数量较多,保存相对较好,年代较为明确的一批墓葬作为典型单位(表 3.1)。以这批墓葬为基础，综合原始瓷器的类型学分析，将西周时期原始瓷器划分为两期，分别对应西周早、中期和西周晚期。

表 3.1　典型单位年代表

西周早期	洛阳北窑 M66、M451、M37、M355、M308、M441、M215、M6、M446、M202、M723、M221、M668；前掌大 BM3、BM4；洛阳林校 C3M230；灵台白草坡 M2；鹿邑长子口墓；平顶山应国墓地 M230、M232；房山琉璃河 I M52；滕县庄里西西周墓
西周中期	洛阳北窑 M139、M359、M307、M250、M443；宝鸡茹家庄 BRM1 乙；平顶山应国墓地 M84、M86；晋侯墓地 M13、M33；刘台子 M3、M4；张家坡 M137、M152、M157
西周晚期	洛阳北窑 M403；黄堆老堡 FHM25

从原始瓷器类型变化来看，西周早、中期的原始瓷器明显类型更为丰富，处于原始瓷器的繁荣阶段。到了西周晚期，原始瓷器的类型明显变少，表现出衰落的态势。具体而言，西周早、中期的豆，其类型最为全面，包括 Aa、Ab、AcⅠ、Ⅱ、Ba、Bb、Ca、CbⅠ，而到了西周晚期，仅有 Ac、Bb 和 Cb 型豆延续下来，并出现 Cc 型豆，有半数类型均不见于西周晚期(表 3.2，图 3.1)。三类尊中，矮体尊仅见于西周早、中期，高体尊和瓠形尊俱见于西周早、中期和西周晚期，但到了西周晚期数量已经变少(表 3.2，图 3.2)。A、B 型高体罍同见于西周早、中期，其中 A 型高体罍数量较多，并在西周晚期也有少量发现；A 型矮体罍和 B 型矮体罍则分别见于西周早、中期和西周晚期(表 3.2，图 3.3)。罐的类型较多，包括 A、B 型平底罐、假圈足罐以及小平底罐，但均只见于西周早、中期(表 3.2，图 3.3)。附耳簋以及 A、B 型无耳簋也只见于西周早、中期，唯有 C 型无耳簋仅见于西周晚期(表 3.2，图 3.4)。簋形器见于整个西周时期，西周早、中期的 A、B 型器盖中只有 A 型器盖延续至西周晚期(表 3.2，图 3.4)。其他出土数量极少的器类，包括匜形器、连体三盘豆、瓿形器、盂、碟、釜形尊均只见于西周早、中期(表 3.2，图 3.5)。

表 3.2　西周时期原始瓷器型式变化表

时期	豆								矮体尊		高体尊	瓠形尊	高体罍		矮体罍		平底罐		假圈足罐	小平底罐	附耳簋		无耳簋			簋形器	器盖		匜形器	三盘连体豆	瓿形器	盂	碟	釜形尊
	Aa	Ab	Ac	Ba	Bb	Ca	Cb	Cc	A	B			A	B	A	B	A	B			A	B	A	B	C		A	B						
西周早、中期	√	√	Ⅰ/Ⅱ	√	Ⅰ	√	Ⅰ		Ⅰ/Ⅱ	√	Ⅰ	Ⅰ	Ⅰ	√	√		Ⅰ/Ⅱ	Ⅰ/Ⅱ	√	√	√	√	Ⅰ	Ⅰ		Ⅰ	Ⅰ	Ⅰ	√	√	√	√	√	√
西周晚期			Ⅱ		Ⅱ		Ⅱ	√			Ⅱ	√	Ⅱ			√									√	Ⅱ	Ⅱ							

综上可知,原始瓷器在西周早、中期和西周晚期之间表现出很大的变化。西周早、中期原始瓷器在数量和类型的丰富程度上都远超西周晚期。另一方面,尽管存在以上差别,但也必须看到西周晚期原始瓷器与早、中期的联系。西周晚期虽然出现少量新类型,但大部分类型等均沿袭西周早、中期原始瓷器的形制,文化性质未有根本变化。

二、区域性特征

北方地区西周时期原始瓷器广泛见于周王朝核心区和各个诸侯国墓地。对比各地原始瓷器类型的异同,分析其区域性特征,将有助于说明原始瓷器的来源和分配问题。从地理分布来看,北方地区发现的西周时期原始瓷器主要沿黄河分布,结合现代行政区划及西周时期的政治格局,可大致分为陕西和甘肃地区、河南和山西地区、山东地区及北京地区四大区域。鉴于西周早、中期和西周晚期原始瓷器表现出不同的发展状态,故在接下来的讨论中,将分两个阶段进行探讨。

西周早、中期以河南、山西地区出土的原始瓷器最为丰富,除 Aa、Bb、Cc 型豆,B 型矮体罍,C 型无耳簋及瓿形器外,所有类型的原始瓷器均有发现(表 3.3)。山东地区原始瓷器的类型也较为丰富,不仅有 Ac、Ca 型豆,高体尊,A、B 型平底罐等广泛见于各地的原始瓷器类型,还发现一批不见于其他地区的原始瓷器,包括 Aa 型豆、B 型器盖、瓿形器、釜形尊(表 3.3,图 3.6)。这表明山东地区西周早、中期的部分原始瓷器具有一定区域性特征。除山东地区外,陕西、甘肃地区发现有 Ba、Bb、Ca 型豆,A 型矮体尊、高体尊,B 型平底罐、小平底罐,大部分类型见于其他地区(表 3.3)。北京地区仅见 Bb、Ca 型豆,A 型高体罍(表 3.3)。

西周晚期时,原始瓷器仅见于陕西和甘肃地区以及河南和山西地区,原始瓷器的类型明显变少。此时陕西、甘肃地区出土的原始瓷器类型相较而言最为丰富,包括 Ac、Bb、Cb、Cc 型豆,高体尊,A 型高体罍、B 型矮体罍,C 型无耳簋、簋形器以及 A 型器盖。河南、山西地区仅见有 Ac、Ca 型豆,瓠形尊以及簋形器。山东地区和北京地区此时基本不见原始瓷器(表 3.3)。

综上所述,从原始瓷器类型的丰富程度看,周王朝的核心区即河南和山西以及陕西、甘肃地区出土的原始瓷器最为丰富,数量也最多。周边地区则出土数量和类型均较少,呈现出由核心区向周边辐射状分布的特点,这表明原始瓷器有可能由中央集中再向各诸侯国统一分配。各地原始瓷器组合的一致性也支持这种观点。在原始瓷器

表 3.3　各区域原始瓷器类型表

地区	时代	豆								矮体尊		高体尊	瓠形尊	高体罍		矮体罍		平底罐		假圈足罐	小平底罐	附耳簋		无耳簋	篮形器			器盖		匜形器	三盘连体豆	瓿形器	盂	碟	釜形尊
		Aa	Ab	Ac	Ba	Bb	Ca	Cb	Cc	A	B			A	B	A	B	A	B			A	B		A	B	C	A	B						
陕西、甘肃地区	西周早、中期		√	√	√	√				√		√									√	√														
	西周晚期		√		√		√			√				√		√		√								√		√	√						
河南、山西地区	西周早、中期		√	√	√	√	√	√	√	√	√	√		√	√	√	√	√	√	√	√	√	√	√	√			√	√	√	√		√	√	
	西周晚期		√									√													√										
山东地区	西周早、中期	√	√	√	√					√				√				√				√	√						√		√	√		√	√
	西周晚期																																		
北京地区	西周早、中期				√	√										√																			
	西周晚期																																		

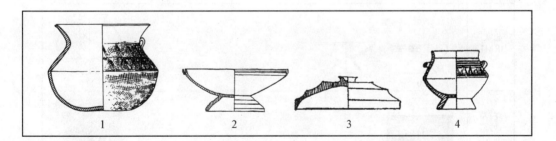

图 3.6　山东地区原始瓷器的特殊类型

1. 釜形尊（前掌大 M109∶12）　2. Aa 型豆（济阳刘台子 M3∶9）　3. B 型器盖（山东济阳刘台子 M4∶2）
4. 瓿形器（前掌大 M203∶1）

的诸多类型中，以 Ac、Ca 型豆，A 型矮体尊、高体尊，A 型高体罍以及 A、B 型平底罐出现频率最高，各地均出土这些原始瓷器的部分或全部类型（表3.3）。以组合相对完整的几座墓葬为例，洛阳北窑墓地 M215 出土至少 2 个类型的豆、高体罍、矮体尊以及罐（图3.7，1—5）；

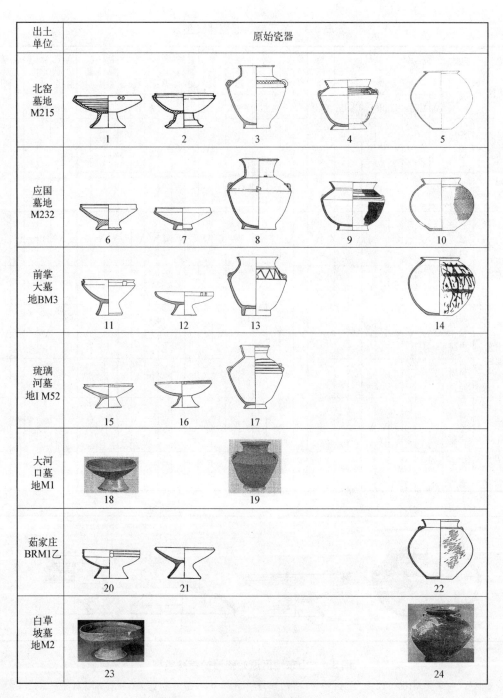

图 3.7　各地出土原始瓷器对比图

1、2. 豆(M215：36、M215：38)　3. 高体罍(M215：47)　4. 矮体尊(M215：42)　5. 罐(M215：69)　6、7. 豆(M232：068、M232：069)　8. 高体罍(M232：063)　9. 矮体尊(M232：062)　10. 罐(M232：0105)　11、12. 豆(BM3：37、BM3：43)　13. 高体尊(BM3：3)　14. 罐(BM3：7)　15、16. 豆(Ⅰ M52：5、Ⅰ M52：44)　17. 高体罍(Ⅰ M52：1)　18. 豆(M1：61)　19. 高体罍(M1：81)　20、21. 豆(BRM1 乙：64、BRM1 乙：65)　22. 罐(BRM1 乙：63)　23. 豆(M2：80)　24. 罐(M2：79)

在应国墓地 M232 见有豆、高体罍、矮体尊和罐的组合形式(图 3.7,6—10);前掌大墓地 BM3 则出土豆、高体尊以及罐等(图 3.7,11—14);琉璃河墓地Ⅰ M52 和大河口墓地 M1 均出土有豆、高体罍,形态十分接近(图 3.7,15—19);茹家庄 BRM1 乙和白草坡墓地 M2 则出有十分相近的豆和罐(图 3.7,20—24)。需要说明的是,以上墓葬中,有部分墓葬或被盗,或发表图像资料不全,或出土有其他类型的原始瓷器,故此处所示原始瓷器不代表墓葬出土的完整组合。尽管如此,仍可看出豆、高体尊或罍、矮体尊和罐是原始瓷器组合的核心。同时也存在豆与高体罍以及豆与罐的组合形式。此外,各地原始瓷器的形态极为相近,很有可能存在同一个来源。由此可知,西周王朝的核心区与各个诸侯国不仅出土形态基本一致的原始瓷器,组合也基本相同。这种由形到意的一致性,由中央至地方的辐射分布状态均表明原始瓷器可能是中央集中向各个诸侯国分配的。需要特别说明的是,山东地区的原始瓷器一方面表现出与周王朝核心地区及其他诸侯国的一致性(图 3.7,11—14),另一方面则显示出一定的区域性特征,其来源可能较为复杂(图 3.6)。

第三节　族属、等级及组合问题

以上分别从时间和空间的维度探讨了西周时期原始瓷器的发展过程和分布状态。以下对其文化属性进行分析,具体考量的是原始瓷器使用人群的族群特征,这类器物所代表的等级状况以及原始瓷器与同出的其他质地的器物间是否存在固定组合,而不同类别的原始瓷器又是否存在组合关系。讨论这些问题需要对出土原始瓷器的遗迹单位的考古学背景进行深入挖掘。由于绝大部分原始瓷器出土于墓葬中,故此处的分析也将以墓葬材料为主。

首先,关于原始瓷器使用人群的族群特征问题。西周时期墓葬的族群特征主要可从两个方面进行判断,一是墓主的带铭铜器所提供的信息,二是墓葬的葬俗特点。带铭铜器往往是判断墓主身份的直接证据,但西周时期尤其是西周前期的各诸侯国贵族墓葬中,铜器来源往往较为复杂,有时铜器本身并不直接指向墓主,这就需要结合整座墓葬甚至墓地的情况综合判断。目前学界对于大部分诸侯国墓地的属性已经有了比较明确的认识,可供参考,但需要注意的是即便是同一片墓地中也会存在不同属性的墓葬。最为典型的是在一些周人墓地中也会分布有殷遗民的墓葬。因此,除铜器铭文外,墓葬葬俗也是透视族群特征的关键信息。一般来说,西周时期周人墓葬的葬俗与殷遗民墓葬的葬俗存在明显的差别。判断殷遗民墓葬的葬俗标准较为公认的有腰坑、腰坑中的殉狗以及殉人习俗,尤以腰坑殉狗习俗最具辨识度。相较而言,周人墓葬一般不具有以上特点,但殉狗和殉人现象也会出现在个别周人墓葬中,如晋侯墓地 M114 墓主为晋侯,但确有 2 例殉狗和 1 例殉人①。基于以上考虑,笔者将以腰坑、腰坑中殉狗和殉人习俗作为区分殷遗民墓葬和周人墓葬的标准,再参考铜器铭文对分类进行检验。此处所指殷遗民不局限于子姓商人,而涵盖西周时期沿用商人葬俗的人群,对这类殷遗民墓葬简称为商式墓葬。周人也不仅指姬姓周人,而是包括与姬姓周人葬俗相同的人群,对这类墓葬简称为周式墓葬。下面选取出土信息相对完整,具有明确代表性的墓葬,分西周早、中期和西周晚期两个阶段对其族群属性进行判断。

西周早、中期,具有商式墓葬特点的有天马—曲村墓地 M6080、河南鹿邑长子口墓、洛阳车站西周墓、翼城大河口霸国墓地 M1、长安普渡村西周墓、茹家庄一号墓乙室、灵台白草坡 M2、琉璃河墓地 F15M2、琉璃河墓地 I M52、前掌大墓地的 2 座大型墓和 3 座中型墓、济阳刘台子 M3 以及滕县庄里西墓葬等(表 3.4)。这些墓葬基本都有腰坑或腰坑殉狗习俗,唯有天马—曲村墓地 M6080 无腰坑,但在二层台上殉葬一人②。殉人墓在天马—曲村墓地中仅有 2 座,因此墓主身份可能异于墓地其他墓葬,暂定为商式墓葬。

周式墓葬则包括洛阳北窑墓地中的 70 座大、中型墓葬和 2 座小型墓葬,平顶山应国墓地的 3 座大型墓和 1 座中型墓,晋侯墓地 M13、M113、M114,沣西大原村 M304、M315,张家坡墓地的 3 座大型墓和 12 座中型墓,岐山贺家村 M6,扶风庄李村 M9 和宝鸡阳平镇高庙村 GM1 等(表 3.4)。除晋侯墓地 M114 有殉人之外,其余墓葬均未见商式葬俗。

从以上分类结果来看,西周早、中期,出土原始瓷器的商式墓葬分布极为广泛,不仅包括西安、洛阳等周王朝的核心地区,还见于山西、甘肃、北京、山东等广阔地区的诸侯国(图 3.8)。相较而言,出土原始瓷器的周式墓葬分布范围较小,集中在陕西、河南、山西等西周王朝的核心区和临近地区的应国、晋侯等姬姓诸侯国地区(图 3.8)。北方地区墓葬随葬原始瓷器的传统至迟在早商时期已经出现,郑州商城和盘龙城的一些高等级铜器墓中发现有不少原始瓷器随葬。这一传统在晚商时期走向衰落但在西周时期又兴盛开来。

---

① 北京大学考古文博院、山西省考古研究所:《天马——曲村遗址北赵晋侯墓地第六次发掘》,《文物》2001 年第 8 期。
② 北京大学考古学系商周组、山西省考古研究所:《天马—曲村》,科学出版社,2000 年。

表 3.4　墓葬的族群特征、等级标准和原始瓷器组合表

商　式						
时代	墓 葬 单 位	族群属性			墓葬规模和等级	原始瓷器组合
		腰坑	腰坑中殉狗	殉人	墓葬规模	墓主等级	
西周早、中期	河南襄县西周墓	√	√		小	低级贵族	罍
	天马—曲村墓地 M6080			√	中	伯	豆
	河南鹿邑长子口墓	√	√	√	大	高级贵族	豆、尊、罐
	翼城大河口霸国墓地 M1	√	不明		中	伯	豆、罍、尊
	长安普渡村西周墓	√	√	√	中	高级贵族	豆
	茹家庄一号墓乙室	√	√	√	大	伯	豆、罐
	灵台白草坡 M2	√	√		中	伯	豆、罐
	琉璃河墓地 F15M2	√	√	√	中	高级贵族	豆
	琉璃河墓地ⅠM52	不明	√	√	中	高级贵族	豆、罍
	前掌大墓地	√	√		2 大,3 中	高级贵族	豆、罍为主
	济阳刘台子 M3	√	√		中	低级贵族	豆
	滕县庄里西墓葬	√	√		中	侯	罍
	洛阳车站西周墓	√	√		小	低级贵族	豆
西周晚期	扶风黄堆老堡子 92FHM25	√	√		大	高级贵族	豆、罍、簋形器
	张家坡 M176	√	√		中	高级贵族	豆

周　式						
时代	墓 葬 单 位	族群属性			墓葬规模和墓主等级	原始瓷器组合
		腰坑	腰坑中殉狗	殉人	墓葬规模	墓主等级	
西周早、中期	洛阳北窑墓地				18 大,52 中,2 小	多为高级贵族	豆、罍为主
	平顶山应国墓地				3 大,1 中	1 座公级,3 座侯级	簋;豆、簋形器;豆;豆、罍、尊、罐、连体三盘豆、盂、瓿形器
	晋侯墓地 M13、M113、M33				大	侯级	豆;豆、罐;豆
	晋侯墓地 M114			√	大	侯级	豆
	沣西大原村 M304、M315				中	高级贵族	豆
	张家坡墓地				3 大,12 中	高级贵族	多为豆

（续表）

时代	墓 葬 单 位	周　式					原始瓷器组合
		族群属性			墓葬规模和墓主等级		
		腰坑	腰坑中殉狗	殉人	墓葬规模	墓主等级	
西周早、中期	岐山贺家村 M6				小	低级贵族	豆
	扶风庄李村 M9				中	高级贵族	豆
	宝鸡阳平镇高庙村 GM1				中	高级贵族	豆
西周晚期	扶风黄堆老堡子 95FHM32、95FHM55				中	高级贵族	罍；豆
	洛阳北窑墓地				2 大,5 中	高级贵族	豆为主
	晋侯墓地 M63				大	侯级	不明
	张家坡墓地				4 中	高级贵族	豆为主

　　西周早、中期,出土原始瓷器的商式墓葬范围远大于周式墓葬,这或是殷遗民高级贵族对这一传统的发展。相比而言,姬姓周人在王朝建立之初也开始缓慢地接受这类新事物,但仅限于西周王朝的腹心地带,以及少数等级较高的重要姬姓封国。总之,西周早、中期原始瓷器主要为殷遗民所使用,并未被周人大范围接纳。

　　到了西周晚期,这种分布模式出现巨大变化。伴随着原始瓷器的整体衰落,曾广泛使用原始瓷器的殷遗民墓葬几乎消失,仅见扶风黄堆老堡子 92FHM25 和张家坡 M176(表 3.4,图 3.8)。周人使用原始瓷器的习俗在西周后期也有减无增,除西周王朝核心地区外,仅见晋侯墓地 1 例(表 3.4,图 3.8)。

　　综上所言,笔者认为原始瓷器在西周早、中期主要为殷遗民使用,到西周晚期这种现象已极为少见。周人则在整个西周时期均未大范围地使用原始瓷器,使用范围仅集中在西周王朝的腹心地带和少数姬姓封国。

　　除族属问题外,原始瓷器所反映的等级也是需要关注的重要方面。居址中出土原始瓷器的例子有 1976 年发掘的岐山凤雏甲组宗庙建筑基址[①]和扶风召陈西周建筑基址上层建筑等[②]。两处居址规模较大,当为高等级人群使用。对于墓葬等级的判断可依据多方面因素,如墓葬尺寸、墓葬出土青铜容器的组合和数量、车马坑等附属遗

---

① 陕西周原考古队:《陕西岐山凤雏村西周建筑基址发掘简报》,《文物》1979 年第 10 期。
② 陕西周原考古队:《扶风召陈西周建筑群基址发掘简报》,《文物》1981 年第 3 期。

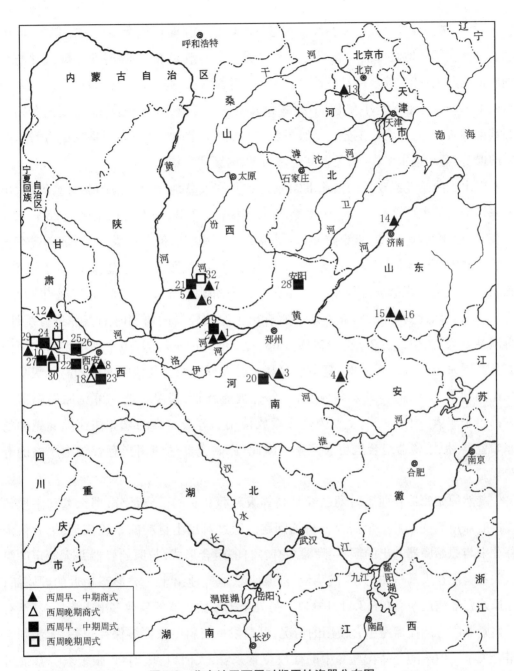

图3.8　北方地区西周时期原始瓷器分布图

1. 洛阳林校西周车马坑　2. 洛阳车站西周墓　3. 河南襄县西周墓　4. 河南鹿邑长子口墓　5. 天马—曲村墓地 M6080　6. 绛县横水墓地　7. 翼城大河口墓地　8. 长安普渡村西周墓　9. 张家坡东南 78M1　10. 茹家庄一号墓 BRM1　11. 姚家墓地　12. 甘肃灵台白草坡墓地　13. 琉璃河燕国墓地　14. 济阳刘台子墓地　15. 滕县庄西里墓葬　16. 滕州前掌大墓地　17. 黄堆老堡子 92FHM25　18. 张家坡井叔墓地 M176　19. 洛阳北窑西周墓地　20. 平顶山应国墓地　21. 晋侯墓地 M13、M113　22. 大原村 M315、M304　23. 张家坡井叔墓地　24. 岐山贺家村 M6　25. 扶风杨家堡墓葬　26. 庄李村 M9　27. 宝鸡阳平镇高庙村 GM1　28. 浚县辛村墓地　29. 岐山凤雏甲组宗庙建筑基址　30. 召陈建筑遗址　31. 黄堆老堡子 95FHM32、M55　32. 晋侯墓地 M63、M33

存、铜器铭文内容等。其中墓葬尺寸在进行跨区域对比时可能会出现一定偏差,同级别的墓葬在不同地区可能存在尺寸上的差异。但一般来说,西周时期墓葬尺寸与级别成正比并无疑问,综合衡量各地区材料后,笔者以长、宽均在 3 米以下、3 至 5 米、5 米以上为判断标准界定小型墓、中型墓和大型墓。再结合墓葬随葬品以及铜器铭文等其他因素,可大体将墓主分为低级贵族和高级贵族两类,部分高级贵族中有身份明确的侯、伯等。这里将侯、伯夫人墓也归为侯、伯级。

以出土原始瓷器较多的洛阳北窑墓地和张家坡墓地为例。洛阳北窑墓地中,出土原始瓷器的大型墓有 20 座、中型墓 57 座、小型墓 2 座,分别占总比例的 25%、72%和 3%。由于大部分墓葬被盗严重,随葬品组合不完整。但一些大、中型墓葬残存铜器的铭文中可见丰伯、王妊、白懋父、方伯、毛伯等字样,可见这些墓葬主人均为西周王朝高级贵族。张家坡墓地出土原始瓷器的墓葬则有 3 座大型墓和 17 座中型墓,无小型墓。以此为标准,对北方地区所有出土原始瓷器的西周时期墓葬进行统计,得出结果为,大型墓占 28%,中型墓占 68%,小型墓占 4%。其中个别小型墓如河南襄县西周墓出土较多青铜器,墓主也属高等级人群。综合其他因素可知高等级墓葬总比例约为 97%,低等级墓葬极少,且部分被盗严重,情况不明。可见原始瓷器基本都出土于大、中型墓葬,主要为高级贵族使用。等级越高的墓葬往往随葬越多的原始瓷器,原始瓷器组合也更为完整。因此,原始瓷器的使用当有着较为严格的等级规定。

既然原始瓷器在西周时期已经是高等级墓葬葬制的重要部分,那么墓葬中原始瓷器的器用制度是另一个需要分析的问题。通过对出土材料的系统梳理,笔者认为墓葬中与原始瓷器共出的铜器、陶器多有各自的组合形式,与原始瓷器并无特定的组合关系。但在天马—曲村、应侯墓地、前掌大墓地等地出土一类形态相近的硬陶瓿,与原始瓷豆构成组合(图 3.11,1—4)。另外出土原始瓷器的墓葬多出土漆器,甚至有原始瓷器配合漆器器座组合使用的情况,可惜发掘资料中漆器多保存较差,无法判断组合关系。但从随葬品在墓葬中的摆放位置来看,大河口、琉璃河、张家坡等墓地可见原始瓷器、漆器共置一处的现象,可见两类器物的关系较为密切。

另一方面,不同器类的原始瓷器之间确有较为固定的组合。豆、高体罍(尊)、矮体尊和罐的组合较为完整,见于洛阳北窑墓地 M215 和应国墓地 M232 等墓葬(图 3.7,1—10)。豆、高体尊和罐的组合见于前掌大墓地 BM3 等墓葬(图 3.7,11—14)。豆和高体罍的组合见于琉璃河墓地 I M52 和大河口墓地 M1 等墓葬(图 3.7,15—19)。豆和罐的组合则在茹家庄 BRM1 乙和白草坡墓地 M2 等单位出现(图 3.7,20—24)。以上几种组合方式是原始瓷器最为常见的组合,其中豆是核心器类,豆与高体罍的组合出现频率最高,构成了原始瓷器组合的中心。此外,豆、高体罍、罐的组合以及豆、罐组合也占有一定比例。原始瓷器在墓葬中的使用已经形成了较为固定的组合。

第四节　原始瓷器与其他器物及硬陶器的关系

前文对于西周时期原始瓷器与其他器物间的组合关系做了梳理,认为原始瓷器与漆器之间关系较为密切,但漆器多保存较差,无法判断器类间的组合。此处对于原始瓷器与普通陶器、铜器的关联做简要讨论。西周陶器类型较为丰富,其中最为主要的包括鬲、罐、豆、簋等,其中陶鬲等器类不见于原始瓷器中,陶器与原始瓷器似乎差异较为显著。但仔细梳理陶器材料,却可发现其与原始瓷器之间实则存在密切关联。

此处以沣西张家坡、客省庄、普渡村等地的西周陶器材料为代表进行讨论[1]。通过对比可见,西周陶豆尤其是西周晚期陶豆与原始瓷豆较为相近,而豆也是原始瓷器中数量最多的器类(图 3.9,1、8);原始瓷器中矮体尊虽在普通陶器中无完全对应的器形,但实际上陶盂加圈足、附耳便与原始瓷矮体尊相差无几(图 3.9,2、9);原始瓷的各类簋多可找到相近的陶簋形式(图 3.9,3—5、10—12);折肩、矮领的原始瓷罐与陶瓮近似(图 3.9,6、13);原始瓷尊实际上也有对应的陶器和铜器形式(图 3.9,7、14、24)。类似的例子还有不少,原始瓷器的其他器类如器盖等也有相似的陶器形式,不再一一列举。

以上现象为我们理解原始瓷器的生产和来源提供了重要信息。除器形相近外,一些原始瓷尊、罍、罐等器类上还饰有周文化陶器中流行的三角纹(图 3.10)。很显然有相当部分的原始瓷器具有一定的周文化风格。这种情况与前文分析的早、中商时期原始瓷器相似,带给我们的启示依然是需要考虑在南北流通中“定制”模式的可能性。对此将在后文进一步探讨。当然并非所有原始瓷器均可找到与普通陶器的对应关系(图 3.9,15—20);西周时期的铜器中大部分也与原始瓷器有明显差异(图 3.9,22—27)。这提示我们要充分考虑流通模式的复杂性。

① 中国社会科学院考古研究所沣西发掘队:《1984 年长安普渡村西周墓葬发掘简报》,《考古》1988 年第 9 期;中国社会科学院考古研究所丰镐工作队:《1997 年沣西发掘报告》,《考古学报》2000 年第 2 期;中国社会科学院考古研究所编著:《中国考古学·两周卷》,中国社会科学出版社,2004 年;中国科学院考古研究所:《沣西发掘报告》,文物出版社,1962 年。

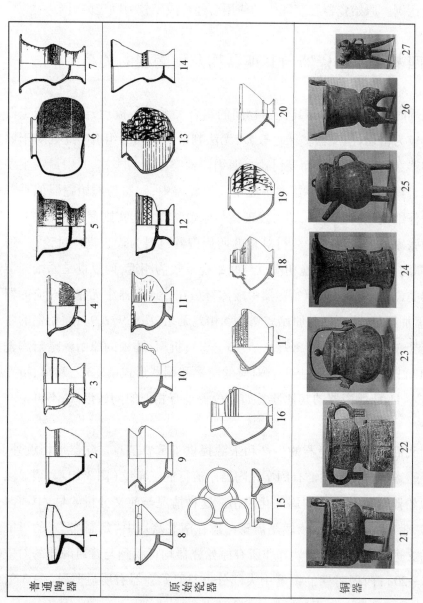

图 3.9　西周原始瓷器与其他器物对比图

1. 豆（张家坡 M147：1）　2. 盂（张家坡 H422）　3—5. 簋（1984 长安普渡村 M20：5，1984 长安普渡村 M17：9，客省庄 KM69：5）　6. 瓮（张家坡 H104）　7. 尊（长安马王村 97SCMM4：4）　8. 豆（前掌大 BM3：37）　9. 矮体尊（洛阳北窑 M202：1）　10. 无耳簋（洛阳北窑 M442：1—1）　11,12. 无耳簋（平顶山应国墓地 M84：29，潘县辛村）　13. 罐（前掌大 BM4：1）　14. 尊（洛阳林校 C3M230：1）　15. 连体三盘豆（应国墓地 M232：074）　16. 高体罍（琉璃河 I M52：1）　17,18. 矮体罍（应国墓地 M232：064，黄堆老堡 FHM25：47）　19. 平底罐（前掌大 BM3：7）　20. 盂（琉璃河 II M251：20）　21. 鼎（琉璃河 II M250：5—1）　22. 簋（琉璃河 II M251：4）　23. 卣（琉璃河 II M251：10）　24. 尊（琉璃河 II M251：6）　25. 盉（琉璃河 II M251：7）　26. 甗（琉璃河 II M251：1）　27. 爵（琉璃河 II M251：25）　27. 爵（琉璃河 II M251：4）

普通陶器　原始瓷器　铜器

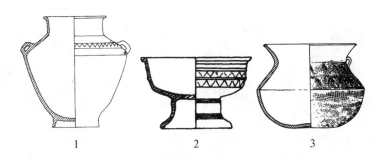

图 3.10　周文化因素原始瓷器

1. 尊(洛阳北窑 M215：47)　2. 簋(濬县辛村)　3. 罐(前掌大 M109：12)

至于北方地区出土西周时期的硬陶器,数量较少,出土地点包括沣西张家坡墓地[①]、天马—曲村墓地[②]、应国墓地[③]以及前掌大墓地[④]等地。对于硬陶器与原始瓷器的关系,以往学者或不做区分,或认为两者的区别仅在于是否施釉。前文对商时期的硬陶和原始瓷器进行系统对比,发现两类器物从器形到文化内涵均有根本性差异。西周时期的硬陶器,虽然出土数量不多,但从有限的资料来看,硬陶器与原始瓷器既有联系又存在区别。前掌大墓地出土硬陶器的数量相对较多,该地出土的硬陶器一部分与原始瓷器的器形相同,如硬陶尊与洛阳北窑墓地出土的原始瓷尊形态十分相近(图 3.12,1—4)。但更多的器形则与原始瓷器相异(图 3.12,5—7)。另外前掌大出土的部分硬陶器也不见于其他地区,结合前文分析中提到山东地区原始瓷器具有一定区域性特征,这也反映在硬陶器上。

就出土背景而言,西周时期的硬陶器多出土于大、中型墓葬,与原始瓷器一样反映了较高的等级。除前掌大出土的一批形制特殊的硬陶器外,更值得注意的是张家坡、天马—曲村、应侯墓地、前掌大等地出土了相近的硬陶瓿(图 3.11,1—4)。这种跨区域的相似性在原始瓷器中也可见到,故可推测硬陶器或许与原始瓷器一样,也存在中央集中再分配的流通方式。

综上而论,笔者首先以类型学方法对材料进行处理,之后分别从时间和空间维度论证原始瓷器的发展过程和分布状态。最后着重分析原始瓷器出土单位的考古学背

① 中国社会科学院考古研究所:《张家坡西周墓地》,中国大百科全书出版社,1999 年。
② 北京大学考古学系商周组、山西省考古研究所:《天马—曲村》,科学出版社,2000 年。
③ 河南省文物考古研究所、平顶山市文物管理局:《平顶山应国墓地Ⅰ》,大象出版社,2012 年。
④ 中国社会科学院考古研究所:《滕州前掌大墓地》,文物出版社,2005 年。

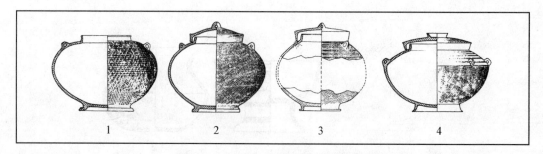

图 3.11　北方各地出土硬陶瓿对比图

1. 张家坡 M165：35　2. 天马—曲村 M6080：59　3. 应国墓地 M232：061　4. 前掌大 M109：10

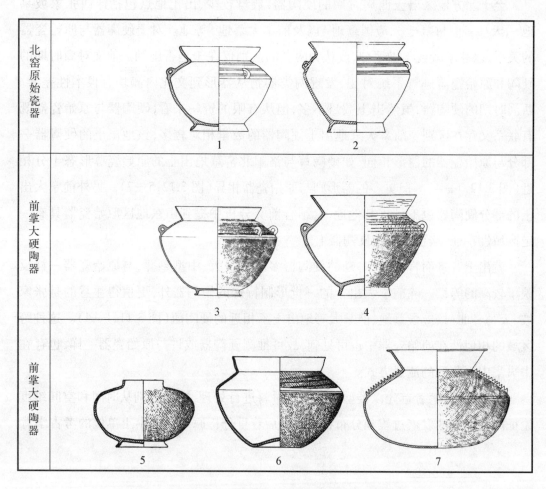

图 3.12　前掌大硬陶器与洛阳北窑原始瓷器对比图

1—4. 尊（洛阳北窑 M139：23、洛阳北窑 M32：7、前掌大 M222：75、前掌大 BM4：11）　5. 瓶（前掌大 M203：21）　6. 罐（M203：18）　7. 釜（M109：11）

景,对原始瓷器使用人群的族群属性、社会等级以及原始瓷器的组合问题进行了讨论。此外还略要论述了与原始瓷器关系密切的硬陶器问题。通过以上方面的梳理,我们可对北方地区西周时期原始瓷器形成了较为系统的认识。

就原始瓷器的发展过程而言,可明显分为西周早、中期和西周晚期两个阶段。西周早、中期尤其是西周早期是原始瓷器的发展、繁荣阶段。此时原始瓷器的类型极为丰富,数量也较多。但到西周晚期时,原始瓷器已明显衰落,许多类型到此时已经消失,出土数量也急剧减少。这种衰落状态在西周中期已初见端倪。尽管原始瓷器在西周早、中期和西周晚期呈现出截然不同的发展状态,但从器形来看,西周晚期的原始瓷器主要还是西周早、中期原始瓷器的延续,在文化性质上是一脉相承的。

从原始瓷器的区域性特征来看,西周王朝核心地区出土原始瓷器的类型和数量最为丰富,偏远诸侯国的发现较少,由中心向四周发现逐渐变少,呈辐射状分布。这表明原始瓷器可能由中央集中控制再向各诸侯国分配。各地原始瓷器器形上的相似性也支持这一推论。从北京地区到山东地区再到西周王朝的核心地区,尽管类型的丰富程度不同,但同类原始瓷器的器形极为相近,明显属于同一来源。不仅器形相同,原始瓷器的组合也具有一致性。各地诸侯国的原始瓷器不仅来源于中央的分配,器用制度也遵循中央的制度。但山东地区的原始瓷器与中央既有联系也有区别,需另做考虑。

使用原始瓷器的人群大体可分为广义的殷遗民和广义的周人两类,两类人群在葬俗上存在明显差别,分别简称为商式墓葬和周式墓葬。在西周早、中期,原始瓷器更多的见于商式墓葬中,分布范围较广,出土原始瓷器的周式墓葬仅见于西周王朝的腹心地区和少数姬姓封国。此时,原始瓷器主要为殷遗民使用,延续了商时期的随葬传统。周人并未大范围使用原始瓷器。西周晚期时,使用原始瓷器的商式墓葬近乎消失,而周式墓葬除在王朝核心区发现外,仅在晋侯墓地有发现。出土原始瓷器的墓葬中有约97%的墓葬均为大、中型墓葬,墓主多为高级贵族。一般来说,墓葬等级越高,原始瓷器的出土数量越多,组合越完整。原始瓷器的使用当有着较为严格的等级规定。

原始瓷器与墓葬中同出的陶器、铜器之间未见明确的组合关系,但原始瓷豆与硬陶瓿的组合较为确定。另外,漆器与原始瓷器有较为密切的关联,可惜漆器多保存较差,难以辨析器形。不同类型的原始瓷器也存在组合关系。豆是核心器类,豆与高体罍的组合最为常见。另外还有豆、罐组合。一些等级较高的墓葬可见豆、高体罍

（尊）、矮体尊、罐等较为完备的组合。这些较为固定的组合方式表明原始瓷器初步形成了具有一定规范的器用制度。

　　除原始瓷器外，硬陶器虽出土数量较少，但张家坡、天马—曲村、应侯墓地、前掌大都出土一类形制相近的硬陶瓿，推测这类器物存在与原始瓷器相同的分配模式。

　　以上对原始瓷器所做的综合分析表明，北方地区西周时期原始瓷器具有较为规范的使用制度和较为严格的等级规定，已经成为高等级墓葬葬制中的重要部分。除山东地区的部分材料外，北方各地的原始瓷器应有着一致的来源，当由中央集中再进行分配。这为探讨北方地区原始瓷器的产地问题提供了基础。下面对西周时期南方地区的原始瓷器进行梳理，并通过对比讨论原始瓷器的产地问题。

第四章　西周时期原始瓷器的
南北流通

　　南方地区,这里主要指长江中游地区和以苏南、皖南、浙闽地区为中心的江南地区。这一地区素有生产原始瓷器的传统,可能与北方地区原始瓷器的产地来源相关。笔者在前文已经系统地分析了北方地区出土的西周时期原始瓷器,这里再对南方地区原始瓷器全面分析,并与北方地区的材料进行对比,尝试解决产地问题。

　　首先对南方地区原始瓷器进行类型学分析是首要的一步,但这里类型学分析并非为建立相对的年代标尺。关于南方地区原始瓷器的发展序列,已有不少学者做过详尽研究,此处不再涉及①。笔者进行类型学分析主要是为讨论原始瓷器的区域性特征,并借此判断南方地区的原始瓷器是否具有不同的生产中心,进而才能将产地问题具体化。需要说明的是类型的分区与生产分区虽是两个不同的概念,但考虑到南方地区原始瓷器属大宗器类,区域间流通的可能性较小,因此器物类型的分布可作为生产分区的重要参考。在根据类型学分析结果进行区域划分之后,再依据刻划符号作为原始瓷器生产体系的线索,进一步确立原始瓷器生产的区域性特征。除了涉及原始瓷器的生产问题,对于原始瓷器的使用等文化属性问题也同样需要关注,以便讨论其文化背景。在完成以上分析之后,最终将南北方出土的原始瓷器进行全面对比。

第一节　南方地区原始瓷器的类型学分析

　　南方地区出土的西周时期原始瓷器集中在江南地区,多出土于土墩墓遗存中。长江中游地区只有少量发现,但文化性质不同,故此处不纳入类型学分析,仅在后文

---

① 杨楠:《商周时期江南地区土墩遗存的分区研究》,《考古学报》1999 年第 1 期;刘建国:《论土墩墓分期》,《东南文化》1989 年第 4—5 期;邹厚本:《江苏南部土墩墓》,《文物资料丛刊》6,文物出版社,1982 年。

讨论。至于江南地区出土的西周时期原始瓷器,代表性的出土地点包括金坛鳖墩①、丹徒石家墩②、丹徒磨盘墩③、丹徒大港母子墩④、屯溪土墩墓⑤、句容浮山果园⑥、溧水宽广墩⑦、溧水乌山⑧、南陵千峰山⑨、繁昌平铺⑩、衢州西山⑪、余姚老虎山⑫、长兴便山⑬、长兴石狮⑭、慈溪彭东⑮、慈溪东安⑯、黄岩小人尖⑰、上虞凤凰山⑱、德清独仓山⑲、萧山柴岭山⑳、江山石门㉑、江山地山岗㉒等。这些地点中个别单位的年代可能晚至春秋初期,考虑到西周晚期和春秋初期原始瓷器发展的连续性,此处一并讨论。在进行类型学分析时,将主要选取萧山柴岭山、德清独仓山等几个地层关系较为明确、出土器物类别丰富的地点作为主要参考。

江南地区出土的西周时期原始瓷器种类较多,包括豆、罐、粗体尊、细体尊、盂、盉以及壶、簋形器等异形器。除异形器外,大部分器形均数量极为丰富,无法统计精确

① 镇江市博物馆、金坛县文化馆:《江苏金坛鳖墩西周墓》,《考古》1978 年第 3 期。
② 镇江市博物馆:《江苏丹徒县石家墩西周墓》,《考古》1984 年第 8 期。
③ 南京博物院、丹徒县文管会:《江苏丹徒磨盘墩周墓发掘简报》,《考古》1985 年第 11 期。
④ 镇江博物馆、丹徒县文管会:《江苏丹徒大港母子墩西周铜器墓发掘简报》,《文物》1984 年第 5 期。
⑤ 安徽省文化局文物工作队:《安徽屯溪西周墓葬发掘报告》,《考古学报》1959 年第 4 期;殷涤非:《安徽屯溪周墓第二次发掘》,《考古》1990 年第 3 期。
⑥ 南京博物院:《江苏句容县浮山果园西周墓》,《考古》1977 年第 5 期;镇江市博物馆浮山果园古墓发掘组:《江苏句容浮山果园土墩墓》,《考古》1979 年第 2 期;南京博物院:《江苏句容浮山果园土墩墓第二次发掘报告》,《文物资料丛刊》6,文物出版社,1982 年。
⑦ 刘建国、吴大林:《江苏溧水宽广墩墓出土器物》,《文物》1985 年第 12 期。
⑧ 镇江市博物馆:《江苏溧水、丹阳西周墓发掘简报》,《考古》1985 年第 8 期;镇江市博物馆、溧水县文化馆:《江苏溧水乌山西周二号墓清理简报》,《文物资料丛刊》2,文物出版社,1978 年。
⑨ 安徽省文物考古研究所:《安徽南陵千峰山土墩墓》,《考古》1989 年第 3 期。
⑩ 杨鸠霞:《安徽繁昌县平铺土墩墓》,《考古》1990 年第 2 期。
⑪ 金华地区文管会:《浙江衢州西山西周土墩墓》,《考古》1984 年第 7 期;衢州市文物管理委员会:《浙江衢州市发现原始青瓷》,《考古》1984 年第 2 期。
⑫ 浙江省文物考古研究所:《沪杭甬高速公路考古报告》,文物出版社,2002 年。
⑬ 浙江省文物考古研究所:《浙江长兴县便山土墩墓发掘报告》,《浙江省文物考古研究所学刊:建所十周年纪念(1980—1990)》,科学出版社,1993 年。
⑭ 浙江省文物考古研究所:《浙江长兴县石狮土墩墓发掘简报》,《浙江省文物考古研究所学刊:建所十周年纪念(1980—1990)》,科学出版社,1993 年。
⑮ 浙江省文物考古研究所:《慈溪市彭东、东安的土墩墓与土墩石室墓》,《浙江省文物考古研究所学刊:建所十周年纪念(1980—1990)》,科学出版社,1993 年。
⑯ 浙江省文物考古研究所:《慈溪市彭东、东安的土墩墓与土墩石室墓》,《浙江省文物考古研究所学刊:建所十周年纪念(1980—1990)》,科学出版社,1993 年。
⑰ 浙江省文物考古研究所:《黄岩小人尖西周时期土墩墓》,《浙江省文物考古研究所学刊:建所十周年纪念(1980—1990)》,科学出版社,1993 年。
⑱ 浙江省文物考古研究所等:《浙江上虞凤凰山古墓葬发掘报告》,《浙江省文物考古研究所学刊:建所十周年纪念(1980—1990)》,科学出版社,1993 年。
⑲ 浙江省文物考古研究所、德清县博物馆:《独仓山与南王山——土墩墓发掘报告》,科学出版社,2007 年。
⑳ 杭州市文物考古研究所、萧山博物馆:《萧山柴岭山土墩墓》,文物出版社,2013 年。
㉑ 牟永抗、毛兆廷:《江山县南区古遗址、墓葬调查试掘》,《浙江省文物考古所学刊(1981)》,文物出版社,1981 年。
㉒ 牟永抗、毛兆廷:《江山县南区古遗址、墓葬调查试掘》,《浙江省文物考古所学刊(1981)》,文物出版社,1981 年。

数字,因此类型学分析中也未涵盖这一信息。在所有器类中以豆为原始瓷器的大宗器类,出土数量最多,分布范围最广。依据口部和腹部特征可将豆为三型。

A 型:直口或侈口豆,口沿外饰多道平行弦纹。根据圈足及豆盘深浅可分为四式。

A Ⅰ式:豆盘较深,高圈足。标本:萧山柴岭山 D22M1:2(图 4.1,1)。

A Ⅱ式:豆盘略浅,圈足略高。标本:萧山柴岭山 D24M1:1(图 4.1,2)。

A Ⅲ式:浅豆盘,矮圈足。标本:萧山柴岭山 D8M1:4(图 4.1,3)。

A Ⅳ式:浅豆盘,圈足极矮。标本:萧山柴岭山 D26M1:10(图 4.1,4)。

A 型豆的演变规律是豆盘由深变浅,圈足由高变矮。

B 型:敛口豆,依口沿形态分为两个亚型。

Ba 型:宽沿,依豆盘及圈足形态分为三式。

Ba Ⅰ式:深豆盘,高圈足。标本:萧山柴岭山 D21M1:3(图 4.1,5)。

Ba Ⅱ式:豆盘较 Ba Ⅰ式变浅,矮圈足。标本:萧山柴岭山 D8M1:9(图 4.1,6)。

Ba Ⅲ式:浅豆盘,圈足极矮。标本:萧山柴岭山 D9M1:8(图 4.1,7)。

Ba 型豆的演变规律与 A 型豆一致。

Bb 型:窄沿,沿上有卷云形泥饰,斜直腹,圈足外撇。标本:黄岩小人尖 M1:4(图 4.1,8)。

C 型:折腹豆,依腹部及圈足形态分为两式。

C Ⅰ式:下腹近斜直,高圈足。标本:萧山柴岭山 D33M2:7(图 4.1,9)。

C Ⅱ式:下腹圆鼓,圈足极矮,近于假圈足。标本:萧山柴岭山 D12M1:2(图 4.1,10)。

罐,数量较多,依据器身整体形态可分为两型。

A 型:圆体罐,根据口沿形态分为三个亚型。

Aa 型:侈沿罐。依器身总体形态分为三式。

Aa 型Ⅰ式:器身腹径最大径位于下腹。标本:慈溪 D1M4:3(图 4.1,11)。

Aa 型Ⅱ式:器身腹径最大径位于器身之中。标本:萧山柴岭山 D23M1:6(图 4.1,12)。

Aa 型Ⅲ式:器身腹径最大径偏上。标本:萧山柴岭山 D31M1:23(图 4.1,13)。

Ab 型:盘口罐。标本:德清独仓山 D2M1:1(图 4.3,2)

Ac 型:矮直领罐。标本:江山石(大)M1:12(图 4.1,14)。

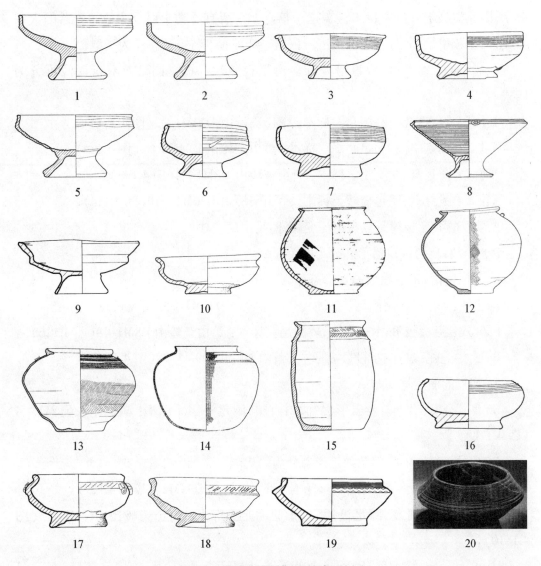

图 4.1　原始瓷豆、罐、盂的类型划分

1. A I 式豆(萧山柴岭山 D22M1∶2)　2. A II 式豆(萧山柴岭山 D24M1∶1)　3. A III 式豆(萧山柴岭山 D8M1∶4)　4. A IV 式豆(萧山柴岭山 D26M1∶10)　5. Ba I 式豆(萧山柴岭山 D21M1∶3)　6. Ba II 式豆(萧山柴岭山 D8M1∶9)　7. Ba III 式豆(萧山柴岭山 D9M1∶8)　8. Bb 型豆(黄岩小人尖 M1∶4)　9. C I 式豆(萧山柴岭山 D33M2∶7)　10. C II 式豆(D12M1∶2)　11. Aa 型 I 式罐(慈溪 D1M4∶3)　12. Aa 型 II 式罐(萧山柴岭山 D23M1∶6)　13. Aa 型 III 式罐(萧山柴岭山 D31M1∶23)　14. Ac 型罐(石[大]M1∶12)　15. B 型罐(萧山柴岭山 D36Q1∶1)　16. Aa 型盂(萧山柴岭山 D26M1∶22)　17. Ab 型盂(萧山柴岭山 D16M1∶12)　18. Ba 型盂(萧山柴岭山 D31M1∶22)　19. Bb 型盂(萧山柴岭山 D34M2∶10)　20. Bc 型盂(屯溪 M3∶108)

B 型：筒形罐。标本：萧山柴岭山 D36Q1∶1(图 4.1,15)。

盂,数量较多,据腹部形态分为两型。

A 型：圆腹盂,根据口沿形态分为两个亚型。

Aa 型：无沿盂。标本：萧山柴岭山 D26M1∶22(图 4.1,16)。

Ab 型：带沿盂。标本：萧山柴岭山 D16M1∶12(图 4.1,17)。

B 型：折腹盂,根据底足形态分为三个亚型。

Ba 型：圈足盂,标本：萧山柴岭山 D31M1∶22(图 4.1,18)。

Bb 型：假圈足盂,标本：萧山柴岭山 D34M2∶10(图 4.1,19)。

Bc 型：平底盂,标本：屯溪 M3∶108(图 4.1,20)。

尊,出土数量较少,包括粗体尊和细体尊两类。

粗体尊依据口沿形态分为三型。

A 型：大侈口宽沿,依腹部形态分为两亚型。

Aa 型：折腹尊。依器身比例分为两式。

Aa Ⅰ 式：器身整体瘦高。标本：德清独仓山 D3M1∶3(图 4.2,1)。

Aa Ⅱ 式：器身整体矮粗。标本：德清独仓山 D2M1∶18(图 4.3,3)。

Aa 型尊的演变规律是器身由瘦高变矮粗。

Ab 型：圆腹尊。标本：德清独仓山 D2M1∶17(图 4.2,2)。

B 型：侈口窄沿。标本：屯溪 M3∶48(图 4.2,3)。

C 型：矮直领。标本：江山石(大)M2∶12(图 4.2,4)。

细体尊,数量较少,可以浙江江山出土材料为代表。依据腹部形态分为两式。

Ⅰ 式：腹部微鼓。标本：江山地(平)3∶1(图 4.2,5)。

Ⅱ 式：腹部外鼓较甚。标本：江山石(大)M2∶14(图 4.3,14)。

该类尊的演变规律是腹部由微鼓到圆鼓。

盉,出土数量极少。根据鋬的类型可分为两型。

A 型：提梁鋬盉。标本：萧山柴岭山 D26M1∶31(图 4.3,5)。

B 型：短鋬盉。标本：屯溪 M3∶63(图 4.2,6)。

除以上器类外,另有一些出土量极少,形制特殊的异形器。

贯耳圈足器,黄岩小人尖采 1,敛口,直壁,矮圈足,有对称贯耳。内壁有多道弦纹,外壁饰不规则折线纹(图 4.2,7)。

圈足罐状器,屯溪 M1∶50,宽沿,侈口,圆腹,矮圈足。近口处有系,通体饰弦纹(图 4.2,8)。

带座盂,屯溪 M3∶68-74,器座通体饰弦纹,大圈足状,上置七个大小、形制相近的小盂(图 4.2,9)。

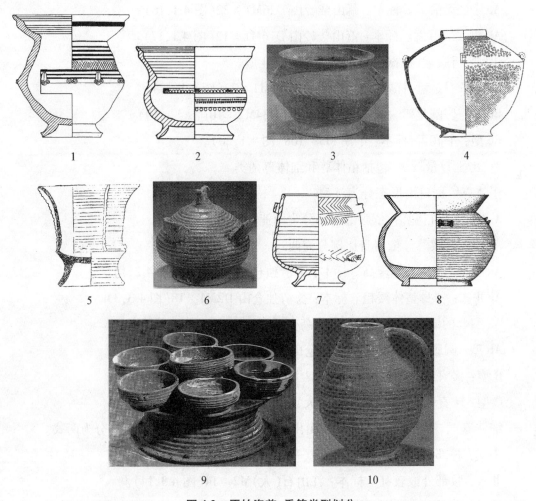

图 4.2　原始瓷尊、盃等类型划分

1. Aa Ⅰ 式粗体尊(德清独仓山 D3M1：3)　2. Ab 型粗体尊(德清独仓山 D2M1：17)　3. B 型粗体尊(屯溪 M3：48)　4. C 型粗体尊(石[大]M2：12)　5. 细体尊Ⅰ式(江山 地[平]3：1)　6. B 型盃(屯溪 M3：63) 7. 贯耳圈足器(黄岩小人尖采 1)　8. 圈足罐状器(屯溪 M1：50)　9. 带座盃(屯溪 M3：68-74)　10. 壶(屯溪 M3：93)

　　壶,屯溪 M3：93,细颈,鼓腹,假圈足,带鋬,通体饰弦纹(图 4.2,10)。

　　簋形器,德清独仓山 D10M1：10,肩部饰弦纹和点状篦纹的组合纹饰,并贴有泥系和"S"形附饰,厚胎厚釉(图 4.3,1)。

　　根据以上类型学分析结果,笔者依此标准对各地出土原始瓷器的类型分布进行了全面梳理。选取各区域代表性材料,依据原始瓷器类型的分布情况来讨论其区域性特征。从原始瓷器类型分布表中可见 A、Ba、C 型豆以及 Aa 型罐是最为常见的原始瓷器,广泛分布在各地(表 4.1)。这些区域出土的原始瓷豆、罐不仅类型相同,演变规

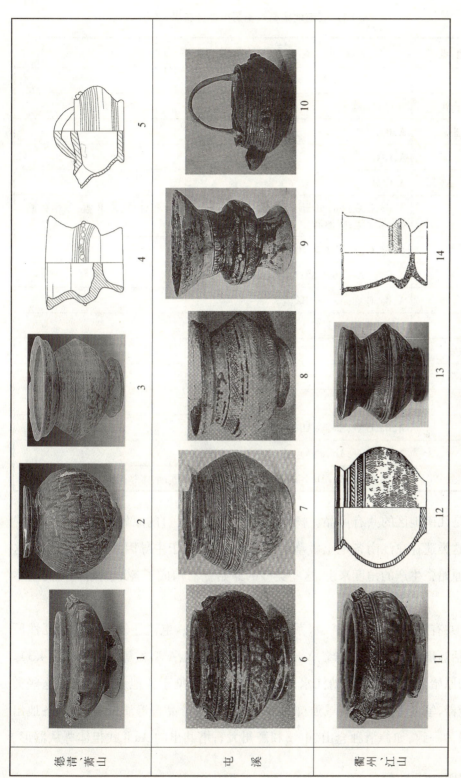

图 4.3　钱塘江流域出土的原始瓷器

1. 簋形器（德清独仓山 D1OM1：10）　2. Ab 型罐（德清独仓山 D2M1：1）　3. AaⅡ式粗体尊（德清独仓山 D2M1：18）　4. 细体尊（萧山柴岭山 D1：9）　5. A 型盂（萧山柴岭山 D26M1：31）　6. 簋形器（屯溪 M1：37）　7. Ab 型罐（屯溪 M1：59）　8. AaⅡ式粗体尊（屯溪 M1：47）　9. 细体尊（屯溪 M1：58）　10. A 型盂（屯溪 M1：55）　11. 簋形器（衢州大石塔）　12. Ab 型罐（衢州黄甲山）　13. AaⅡ式粗体尊（衢州大石塔）　14. 细体尊Ⅱ式（江山石[大]M2：14）

表 4.1　江南地区原始瓷器类型分布表

出 土 地 点	原 始 瓷 器 类 型
丹徒磨盘墩	A,Ba,C 豆;Aa 罐
丹徒大港母子墩	A 豆;Aa 罐
句容浮山果园	A,Ba,C 豆
溧水乌山	A,C 豆
南陵千峰山	A,C 豆
屯溪	A,Ba,C 豆;Aa,Ab 罐;Aa,Ab,Bc 盂;Aa,Ab,Ba 粗体尊;A,B 盉;原始瓷漏;壶;带座盂;罐形器
江山	A,Ba,C 豆;细体尊,Bb 尊
衢州	A,C 豆;Aa,Ab,B 罐;Aa 盂;Aa 粗体尊;B 盉
瑞安岱石山	A,Ba,C 豆;Aa,Ab,Ba 盂
黄岩小人尖	Bb 豆;A 罐;贯耳簋
慈溪彭东、东安	A,Ba 豆;Aa 罐
长兴便山、石狮	A,Ba,C 豆
上虞凤凰山	A,Ba 豆
余姚老虎山	A,Ba,C 豆;Aa 罐;Ab 尊;盖;Aa 盂
德清独仓山	A,Ba,C 豆;Ab 罐;Aa,Ab 盂;Aa,Ab 粗体尊
萧山柴岭山	A,Ba,C 豆;Aa,Ab,B 罐;Aa,Ab,Ba,Bb 盂;A 盉;细体尊;盖

律也一致,是江南地区的共有产品。杨楠先生将敛口和敞口的原始瓷豆归为"A 群"遗存,认为这类遗存在江南各地土墩墓中具有普遍性,属于主导因素[①]。笔者赞同这种观点,从原始瓷生产的角度来讲,这些类型的原始瓷器构成了各地原始瓷器的基本产品。

　　除以上共有产品外,沿钱塘江水系分布的德清、萧山、屯溪还发现一些特征性原始瓷器,包括簋形器、Ab 型盘口罐、Aa 型粗体尊、细体尊、A 型盉等(表 4.1;图 4.3)。这些类型的原始瓷器主要沿钱塘江水系分布,而基本不见于其他地区。依据这些类型的原始瓷器,笔者将钱塘江流域独自划为一区。该区产品普遍质量较好,且各地出土的器物极为一致,如德清独仓山、屯溪和衢州大石塔共出的 Aa Ⅱ 式粗体尊从器形、

① 杨楠:《商周时期江南地区土墩遗存的分区研究》,《考古学报》1999 年第 1 期。

装饰到制作技术均十分接近(图4.3,3、8、13)。

另外,浙东的黄岩等地出土另一批特殊的原始瓷器如 Bb 型豆、贯耳圈足器等(表4.1;图4.1,8;图4.2,7)。这些原始瓷器的造型风格、胎釉特征均有别于其他区域。如黄岩小人尖土墩墓出土的原始瓷器釉层厚薄不均,即便同一件器物的烧成温度也不一致,多是上部烧制较好而底部胎质疏松。尽管这类特殊的原始瓷器出土数量有限,但其风格近似于临近的福建地区的产品。而福建地区自商时期就烧制特征鲜明的印纹硬陶和原始瓷器[1]。推测浙东地区发现的这些特殊的原始瓷器或许反映了不同的生产背景和文化背景,该区域可能属于独立的一区。

综合考虑江南地区原始瓷器类型的分布特征,笔者认为钱塘江流域作为整体可划为一区,是江南地区原始瓷器生产的中心区域。浙东的黄岩等地出土一些风格特异的原始瓷器,可能属于独立的原始瓷器生产区。至于宁镇地区,主要出土各地共有的原始瓷豆、罐类产品,是否可独立分区尚难确论。

第二节　原始瓷器的刻划符号、随葬组合分析

江南地区出土的部分原始瓷器在多在器底等部位留有各类刻划符号,对于这些符号的含义、功能尚不明确。作为原始瓷器重要的背景信息,这里将以出土材料较为丰富的萧山柴岭山为例,对这些刻划符号的功能进行阐释。

萧山柴岭山共出土188件带有刻划符号的原始瓷器,多见于豆、盂、盘等器物的外底部。刻划痕迹有深有浅,符号共有十余种[2]。印纹硬陶器中带有刻划符号的较少,且杂乱无规律。笔者对柴岭山出土的带刻划符号的原始瓷器进行了系统梳理,发现符号与生产批次间存在关联。具体而言,同一座墓葬中,形制极为相近的同一类器物底部往往刻划有相同的符号。如 D31M1 中,形制相同的碟均在外底刻划有"N"形符号,相同形制的盂也在器底刻划相同的符号(图4.4)。这样的现象还见于 D35M1(图4.4)以及 D32M1、D34M1、D34M2,德清独仓山 D9M3 等墓葬中。

西周时期,原始瓷豆等器类的内部多见轮制痕迹,有理由相信这时期形制相近、大量出现的原始瓷豆等器物是批量化生产的。以上例子中,同一墓葬中具有相同符号

---

① 福建省博物馆等:《福建省光泽县古遗址古墓葬的调查和清理》,《考古》1985年第12期;福建省博物馆:《福建闽侯黄土仑遗址发掘简报》,《文物》1984年第4期。
② 杭州市文物考古研究所、萧山博物馆:《萧山柴岭山土墩墓》,文物出版社,2013年,第44页。

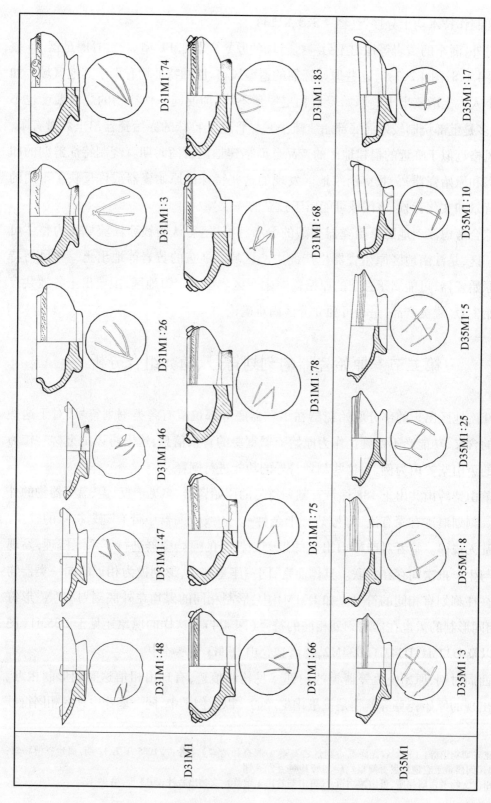

图 4.4　萧山柴岭山出土的成批次原始瓷器与刻划符号

的相似器物不仅在形制上相近,在装饰等各种细节方面也如出一辙,这些相似器物有很大的可能性是源于同一生产批次。因此刻划符号当与生产批次相关。豆、盂、盘等器类出土量大,盛行批量生产,故此刻划符号也主要见于这几种器类。需要说明的是刻划符号的类别与器类之间并无固定的对应关系,萧山柴岭山 D31M1 中"N"形符号俱见于碟和盂,D35M1 中"H"型符号俱见于盂和碟上(图 4.4)。刻划符号当只用于批量化生产中标注属于同一批的产品。

鉴于刻划符号属于原始瓷器生产体系的一部分,那么各地原始瓷器所见刻划符号的异同也能指示各地原始瓷器生产体系的关系。将各地发表的带刻划符号原始瓷器进行系统收集、对比,发现德清、萧山区域所见的刻划符号类别最丰富,萧山柴岭山、德清独仓山及附近长兴发现的原始瓷器刻划符号多有相同,另外钱塘江水系上的屯溪发现的刻划符号基本都可在德清、萧山找到对应(图 4.5)。前文由原始瓷器的类型分布认为钱塘江流域当为原始瓷器的生产中心区,从原始瓷器刻划符号的分布来看,钱塘江流域各地所见刻划符号属于同一系统,这表明这一区域出土的原始瓷器来源于统一的生产体系。刻划符号的分布与原始瓷器类型的分布相符合。丹徒地区也见有少量带刻划符号的原始瓷器,多与钱塘江流域所见符号相同,也有极个别符号不见于其他地区,鉴于数量较少,不宜展开讨论。

从原始瓷器的类型分布及各地刻划符号的关系判断,以德清地区为中心的钱塘江流域出土最丰富的器物类型,表现出相同的生产体系特征。从窑址发现来看,近年来德清及附近地区的商周时期原始瓷窑址有不少新的发现。早至商时期的湖州南山窑址,晚至东周时期的德清火烧山、亭子桥遗址,这些遗址的发掘表明这个地区在整个商周时期都是原始瓷器生产的重要中心[①]。江南地区的原始瓷器生产当是以德清为中心的钱塘江流域作为中心区域。

除生产体系的问题之外,原始瓷器在土墩墓中的随葬组合也需要关注。笔者以单个墓葬为单位对江南地区出土原始瓷器的土墩墓进行了全面整理。经过分析发现各地的原始瓷器随葬组合均以豆、罐组合最为普遍。其中豆基本都为原始瓷豆,但罐有可能是原始瓷罐也有可能是印纹硬陶罐。从出土位置来看,原始瓷豆与罐也多置于一处,尤以丹徒石家墩墓葬堪称代表。该墓出土的三件原始瓷罐的罐口均叠放两件

---

① 浙江省文物考古研究所、湖州市博物馆、德清县博物馆:《浙江东苕溪中游商代原始瓷窑址群》,《考古》2011年第 7 期;浙江省文物考古研究所、故宫博物院、德清县博物馆:《德清火烧山——原始瓷窑址发掘报告》,文物出版社,2008 年;浙江省文物考古研究所、德清县博物馆:《德清亭子桥——战国原始瓷窑址发掘报告》,文物出版社,2011 年。

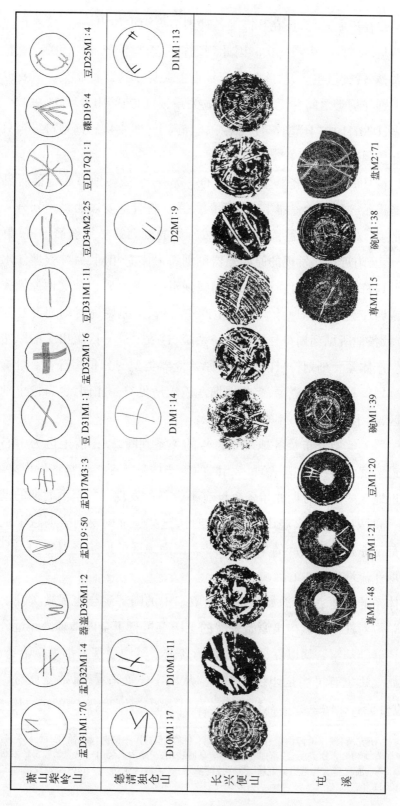

图 4.5 原始瓷器刻划符号对比图

原始瓷豆,并且肩部还等距离贴放三件原始瓷豆(图3.6)。原始瓷豆与罐当在功能上互成组合,成为南方地区广泛生产和使用的器类。另一个值得注意的现象是原始瓷豆几乎出现在所有出土原始瓷器的墓葬中,成为最普遍的器类。出土青铜器的高等级墓葬中也往往随葬更多的原始瓷豆,如丹徒磨盘墩、屯溪土墩墓等墓葬中均出土十余件至数十件原始瓷豆不等。句容浮山果园一号墩中均出土豆或盅,豆或盅的数量分别为1、3、5、7、9几类,不同的数量对应不同的排列方法,豆、盅数量的多少与墓葬随葬器物的多少成正比[1]。由此可见,原始瓷豆当是随葬组合的中心,其数量与墓葬等级多成正比,原始瓷豆与罐的组合是最为稳定的随葬组合。

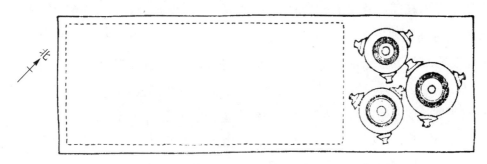

图4.6　丹徒石家墩墓葬平面图(改自《考古》1984年第8期)

第三节　原始瓷器的南北流通

在本节的讨论中,笔者将在前文类型学分析结论的基础上,系统对比南北方原始瓷器的类型及出土背景的异同,尝试对产地问题做出科学解释。

北方地区西周时期原始瓷器的器类主要有豆、罐、尊、簋等几类,主要的器类与南方地区西周时期原始瓷器相同。原始瓷豆无论在北方地区还是南方地区均是出土量最丰富的器类。北方地区流行的敞口或直口、敛口以及折腹豆均可在南方地区找到相同的对应。如晋侯墓地出土的原始瓷豆与丹徒大港母子墩出土的原始瓷豆不仅器形相似,甚至豆盘内的纹饰都相同[2](图4.7,1、9)。相似的原始瓷豆在溧水、丹阳、句容、南陵、屯溪等地都普遍发现。

原始瓷尊是北方地区流行的器类,矮体的原始瓷尊主要见于西周前期。屯溪土

---

[1] 镇江市博物馆浮山果园古墓发掘组:《江苏句容浮山果园土墩墓》,《考古》1979年第2期,第115页。
[2] 镇江博物馆、丹徒县文管会:《江苏丹徒大港母子墩西周铜器墓发掘简报》,《文物》1984年第5期。

墩墓中出土的这类尊与召陈出土的尊从器形到纹饰均十分接近(图4.7,2、10)。此外福建光泽的杨山遗址也有同类器出土,杨山遗址发现的原始瓷器以西周时期为多,时代相符①。钱塘江流域流行的矮体尊与北方地区矮体尊形制相近,但钱塘江流域所见的尊多为盘口(图4.7,3、11)。北方地区出土另一种数量较少的细体尊,通体瘦高,大敞口,鼓腹,高圈足,如前掌大出土的细体尊,其与屯溪出土的细体尊虽年代存在差距,器物细部也有所不同,但明显属于同一器类②(图4.7,4、12)。南方地区出土的C型尊矮直口,折腹,矮圈足,以江山石门发现的尊为代表,同样的尊在山东滕县庄里西、洛阳北窑和应国墓地中都有发现③(图4.7,5、13)。德清独仓山出土的簋与应国墓地出土的簋形制基本相同④(图4.7,6、14)。黄岩小人尖出土的形制较为特殊的Bb型豆在洛阳北窑也有同类器发现⑤(图4.7,7、15)。晋侯墓地M63中出土的垂腹罐形制特异,近似的器形在江苏金坛鳖墩土墩墓中有出土,但口沿部分存在差异⑥(图4.7,8、16)。

　　除江南地区以外,长江中游地区的随州叶家山、黄陂鲁台山、望城高砂脊等地也出土有西周时期原始瓷器或硬陶器。鲁台山墓葬中出土的豆与北方地区西周墓出土的原始瓷豆一致(图4.8,1、9)。叶家山墓地出土的原始瓷豆、尊、罐等与北方出土的同类器如出一辙,明显属于同一来源的产品(图4.8,2—5、10—13)。无论是鲁台山西周墓还是叶家山曾国墓地都属西周文化圈的范围。前文对北方地区西周时期的原始瓷器进行了系统分析,认为西周各地诸侯国所见的原始瓷器与王朝中心区所见材料极为一致,可能存在中央集中分配的过程,这种可能性同样适用于鲁台山和叶家山墓地。另一个值得注意的现象是,湖南望城高砂脊出土的一件硬陶罐与前掌大发现的折腹、带扉棱的硬陶罐相似,属于同一类器物(图4.8,8、16)。湖南部分地区自商代始便有烧制、使用印纹硬陶的传统,晚商时期流行的硬陶瓿还传播到殷墟地区⑦。高砂

① 福建省博物馆等:《福建省光泽县古遗址古墓葬的调查和清理》,《考古》1985年第12期,第1105页。
② 中国社会科学院考古研究所:《滕州前掌大墓地》,文物出版社,2005年;安徽省文化局文物工作队:《安徽屯溪西周墓葬发掘报告》,《考古学报》1959年第4期。
③ 牟永抗、毛兆廷:《江山县南区古遗址、墓葬调查试掘》,《浙江省文物考古所学刊(1981)》,文物出版社,1981年;滕县博物馆:《山东滕县发现滕侯铜器墓》,《考古》1984年第4期;洛阳市文物工作队:《洛阳北窑西周墓》,文物出版社,1999年;河南省文物考古研究所、平顶山市文物管理局:《平顶山应国墓地Ⅰ》,大象出版社,2012年。
④ 河南省文物考古研究所、平顶山市文物管理局:《平顶山应国墓地Ⅰ》,大象出版社,2012年;浙江省文物考古研究所、德清县博物馆:《独仓山与南王山——土墩墓发掘报告》,科学出版社,2007年。
⑤ 洛阳市文物工作队:《洛阳北窑西周墓》,文物出版社,1999年;浙江省文物考古研究所:《黄岩小人尖西周时期土墩墓》,《浙江省文物考古研究所学刊:建所十周年纪念,(1980—1990)》,科学出版社,1993年。
⑥ 镇江市博物馆、金坛县文化馆:《江苏金坛鳖墩西周墓》,《考古》1978年第3期。
⑦ 湖南省博物馆、岳阳地区文物工作队、岳阳市文管所:《湖南岳阳费家河商代遗址和窑址的探掘》,《考古》1985年第1期;黎海超:《器的流通与礼的传播——商代印纹硬陶和原始瓷器刍论》,《陶瓷考古通讯》2015年第1期。

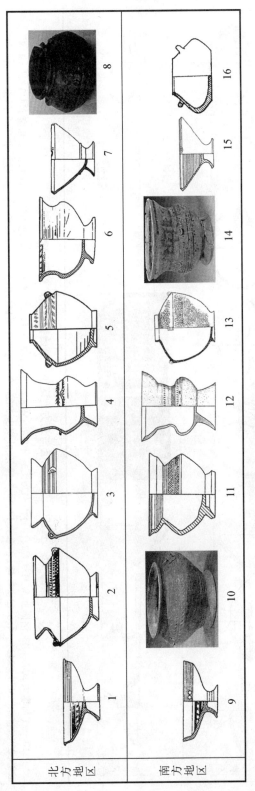

图4.7　江南地区与北方地区原始瓷器对比图

1,7,9,15. 豆（晋侯墓地 M33：152, 洛阳北窑 M250：5－1, 丹徒大港母子墩, 黄岩小人尖 M1：4）　2,3,5,10,11,13. 粗体尊（召陈 80FCTG1：13, 洛阳北窑 M139：23, 山东滕县庄里西 M1：1, 屯溪 M3：48, 德清独仓山 D2M1：18, 江山石[大] M2：12）　4,12. 细体尊（前掌大 BM3：46, 屯溪 M1：58）　6,14. 瓮（应国墓地 M84：29, 德清独仓山 D2M1：17）　8,16. 罐（晋侯墓地 M63, 金坛鳖墩 M2：17）

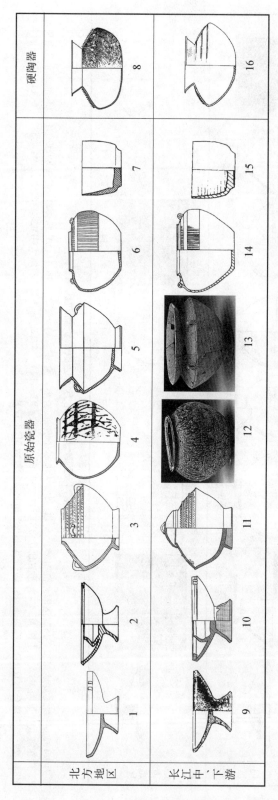

图 4.8　长江中、下游地区与北方地区出土原始瓷器和印纹硬陶对比图

1、2、9、10. 豆（前掌大 BM3∶43、洛阳北窑 M54∶2、鲁台山 M36∶3、叶家山 M28∶257）　3、5、11、13. 尊（应国墓地 M232∶064、洛阳北窑 M443∶1−1、叶家山 M28∶238、叶家山 M28∶242）　4、6、12、14. 罐（前掌大 BM3∶7、滕县，叶家山 M28∶243、浙江上虞凤凰山 M126∶2）　7、15. 盅（侯古堆 M1∶13、慈溪　M8∶32 下）　8、16. 硬陶罐（前掌大 M109∶11、高砂脊硬陶瓮 AM1∶24）

脊硬陶罐的发现表明该地与北方地区的这种器物流通或许延续到了西周时期。

本书研究范围虽以商至西周时期为主，这里有必要对东周时期原始瓷器的情况做简要说明。东周时期北方地区出土的原始瓷器极少，如滕县出土的原始瓷罐肩上带系，器身饰两组直棱纹，属于江南地区东周时期的典型器形①（图4.8，6、14）。此外，侯古堆东周墓中出土原始瓷盅也是江南地区东周时期大量使用的器形（图4.8，7、15）。侯古堆一号墓中出土的1件铜簠有铭文曰"有殷天乙唐（汤）孙宋公（栾）作其妹句敔夫人季子媵簠"，这表明墓主可能为宋公之妹句敔夫人，其中出土江南地区惯用的原始瓷器也不足为奇。东周时期北方地区与南方地区之间存在原始瓷器的零星流通是可以肯定的。但这种流通的规模与东周之前无法相提并论。

以上将江南地区和长江中游发现的原始瓷器与北方地区出土的西周时期原始瓷器进行了系统对比。笔者认为北方地区出土的西周时期原始瓷器大部分类型都可在南方地区找到相同或相近的对应，北方原始瓷器当是直接源于南方地区。其中绝大部分原始瓷器都在屯溪、德清见有相似器形，可见北方地区西周时期原始瓷器的主要来源是钱塘江流域。此外，浙东、闽北地区也与北方地区有零星关联。至于长江中游地区的鲁台山和叶家山在文化背景上区别于江南地区的土墩遗存，两个地点出土的原始瓷器与北方地区材料如出一辙，可能是直接源于西周王朝的分配（图4.9）。

尽管北方地区西周时期原始瓷器当来自南方地区，但值得注意的是，并非全部器形都能在南方找到对应。高体尊、簠、带系折腹罐等器形仅见于北方地区，且如前文所述，尊、簠、罐上的连续三角纹也是西周时期北方地区流行的纹饰（图3.10，1—3）。这些器物具有周文化因素特征。另一个值得注意的特点是，北方各地所见的同类原始瓷器器形多极为一致，器形标准化程度很高。结合这两个特点，笔者提出一个假设，北方地区的原始瓷器可能存在订制现象。钱塘江流域作为原始瓷器生产中心依据西周王朝的订制要求进行批量生产，产品运至王朝中心后再分配至各个诸侯国（图4.9）。当然，这并不意味着所有的原始瓷器均源于订制，实际的流通当更为复杂。

论证原始瓷器的流通问题还需对南北窑址材料有基本了解。前文提到在商时期，南北在窑炉技术上已经出现差异。这主要体现在北方地区未发现龙窑，而南方包括福建猫耳山、浙江南山在内的多个区域已经开始使用龙窑，并能烧制印纹硬陶和原始瓷器。这种差异在西周时期仍然存在，因此此处不做过多论述，试举例加以说明。

---

① 日本山口县立荻美术馆·浦上纪念馆：《瓷器的诞生——原始瓷器》，2000年。

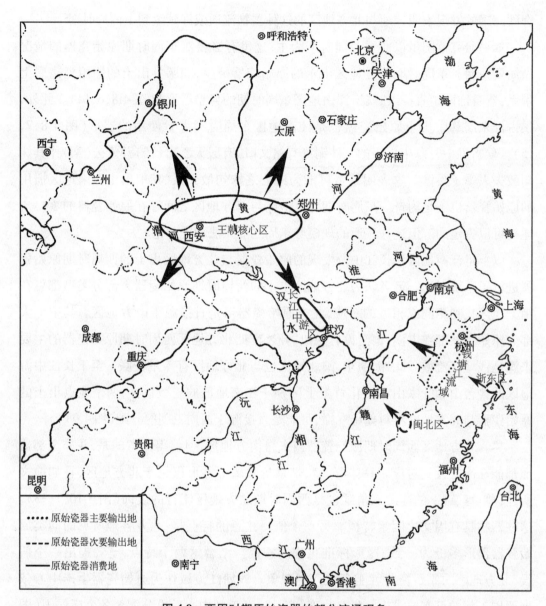

图 4.9　西周时期原始瓷器的部分流通现象

　　西周时期,北方地区的升焰窑与半倒焰窑仍同时并存,但总体趋势是升焰窑越来越少,而半倒焰窑比例增大,并在东周时期成为陶窑的主流[1]。如天马—曲村 I Y101便属于较为典型的半倒焰窑(图4.10,1)。南方地区的龙窑在商时期的基础上不断发展。如福建德化辽田尖山遗址发现四座斜坡式龙窑,可能属于西周时期,且产品以原

①　张明东:《黄河流域先秦陶窑研究》,《古代文明》第3卷,文物出版社,2004年。

始瓷器为大宗①（图 4.10,2）。至于东南钱塘江流域的原始瓷器生产以及窑炉技术和规模发展更为迅速。至东周时期,以德清亭子桥战国窑址为例,发掘 7 座龙窑窑炉,并出土了支垫窑具,可见窑炉技术已经相当成熟②（图 4.10,3）。亭子桥窑址成为"一处

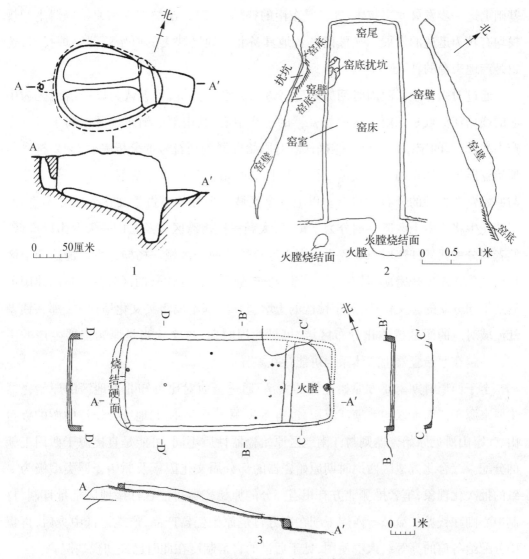

图 4.10　两周时期南北方窑炉对比图

1. 天马—曲村 Ⅰ Y101 平、剖面图采自北京大学考古学系商周组、山西省考古研究所:《天马—曲村》,科学出版社,2000 年,第 182 页。　2. 德化辽田尖山原始瓷窑 Y1 平剖面图采自福建博物院、泉州市博物馆:《德化县辽田尖山原始瓷窑址发掘简报》,《福建文博》2016 年第 1 期,第 3 页。　3. 浙江德清亭子桥 Y2 采自浙江省文物考古研究所、德清县博物馆:《浙江德清亭子桥战国窑址发掘简报》,《文物》2009 年第 12 期,第 5 页。

① 福建博物院、泉州市博物馆:《德化县辽田尖山原始瓷窑址发掘简报》,《福建文博》2016 年第 1 期。

② 浙江省文物考古研究所、德清县博物馆:《浙江德清亭子桥战国窑址发掘简报》,《文物》2009 年第 12 期。

战国早期专为越国上层贵族烧造高档次生活和丧葬用瓷的窑场"①。

总体而言,尽管西周时期甚至包括东周时期,北方地区的窑炉技术虽然也有所进步,半倒焰窑的比例不断提升,但窑炉技术并无显著变化。南方各地区则在商时期的基础上进一步发展龙窑技术,尤其是东南的钱塘江流域,窑炉技术和原始瓷器生产规模均有较为迅速的发展。显然南方各地具备北方地区缺乏的原始瓷器窑炉技术,这也是产地来源的辅证。

通过对南方地区西周时期原始瓷器进行类型学分析,笔者认为以德清地区为中心的钱塘江流域是江南地区原始瓷器的生产中心,其南部的浙东地区或属于另一生产中心,北部的宁镇地区则尚难确认。对原始瓷器刻划符号的分析表明,刻划符号与原始瓷器生产体系相关。钱塘江流域所见的原始瓷刻划符号基本一致,符号的分布与原始瓷器类型的分布相符合。以上三个区域的划分与考古学文化分区并不重合。杨楠先生将江南土墩遗存划分为宁镇区,太湖—杭州湾区以及黄山—天台山以南区。笔者划分的钱塘江流域原始瓷生产中心区跨越后两个区域。杨楠先生认为这两个区域的文化关系比较密切,具有亲缘关系,与宁镇区区别明显②,两区当分属越国建国前后及不同分支的越文化遗存,宁镇区的土墩遗存则基本属于吴文化遗存③。那么钱塘江流域对应的便是越文化分布区域,可见西周时期,越文化当是原始瓷器生产的主体,吴、越在原始瓷器生产体系上可能存在差异。

至于西周时期南北方原始瓷器的关系,通过全面对比可知北方地区的原始瓷器主要来源于江南地区的钱塘江流域,也有零星源于浙东、闽北地区。长江中游的鲁台山、叶家山所见原始瓷器则与江南地区原始瓷器性质不同,可能是直接源于西周王朝的分配。综合北方地区西周时期原始瓷器的部分周文化因素及原始瓷器类型极为一致的批次化现象,笔者推测北方有相当部分的原始瓷器可能在江南地区批量订制,订制中心则在钱塘江流域。西周王朝在南方订烧原始瓷器产品,产地运抵中央后,再集中分配给各地的高等级人群使用,见于后世的官窑制度在此时已经初现端倪。

对南方地区原始瓷器随葬组合的观察表明,原始瓷豆是随葬品的中心,其数量多少多与等级相关。原始瓷豆与原始瓷罐或硬陶罐的组合是最为流行的随葬组合,普

① 浙江省文物考古研究所、德清县博物馆:《德清亭子桥战国窑址发掘的主要收获》,《东方博物》2010 年第 1 期。
② 杨楠:《商周时期江南地区土墩遗存的分区研究》,《考古学报》1999 年第 1 期,第 56 页。
③ 杨楠:《商周时期江南地区土墩遗存的分区研究》,《考古学报》1999 年第 1 期,第 64 页。

遍见于江南各地。相对而言,北方地区西周时期的原始瓷器以豆、尊这类食、酒器组合为核心。可见尽管北方地区的原始瓷器来源于南方地区,但传播的仅是器物本身,器用制度和使用观念并未同时传播。除原始瓷器外,北方地区在商时期也曾出土相当数量的源于南方的印纹硬陶器,但在西周时期硬陶器已经极少出现,个别硬陶器可在长江中游的高砂脊找到对应。江南地区各地出土的西周时期硬陶器在器形、器类上均极为统一,反映出与原始瓷器不同的生产背景,该地区大宗的印纹硬陶器此时未见流通至北方地区的迹象。

　　原始瓷器不仅是西周时期南北方文化交流的重要介质,至晚在早商或更早时期这种流通已经开始。根据前文分析,北方地区商时期的印纹硬陶和原始瓷器分别来源于长江中游、下游的多个区域[1]。西周时期原始瓷器的流通路线实则是部分延续自商时期。

---

① 黎海超:《器的流通与礼的传播——商代印纹硬陶和原始瓷器刍论》,《陶瓷考古通讯》2015年第1期。

第五章　流通与社会

　　以上笔者对商周时期北方地区印纹硬陶和原始瓷器的基本问题进行了全面梳理，并得出关于产地来源、产品流通的基本结论，研究似乎已告一段落。但正如笔者在绪论所言，产地问题绝非本书或任何物料流通研究的终点，而应当以此为起点进一步探索物料流通与社会、文化间的关联。以下笔者将从资源与社会、中心与周边以及贸易与互换三个角度分别论述印纹硬陶和原始瓷器流通所表达的社会含义。值得说明的是，三个版块虽侧重不同，但实际上存在着紧密的逻辑关联。资源流通与社会构架的关系显然是与王朝的政治结构、政策倾向相关。王朝中心与周边的关系本身也属于政治架构的内容，更直接影响到资源流通的方式。至于贸易与互换，更是前两个命题的直接反应，反之也影响到前两个命题。因此在论述过程中，虽各有侧重，但部分内容会出现重复。

第一节　资 源 与 社 会

　　印纹硬陶和原始瓷器在北方地区多见于高等级墓葬等遗迹中，又非本地所产而从南方各地输入，故其本身为珍稀资源的性质是并无争议的。但要论述商周时期的资源与社会这一宏大命题，仅凭借这两类器物显然不足，还需要纳入其他资源的讨论。资源的概念十分广博，就商周时期来说，涉及的资源起码包括铜器、铜料、铅料、锡料、玉器、玉料、马匹、龟甲、海贝、盐等等，甚至铜器铸造技术也属于一类重要的资源。这些资源多多少少涉及流通问题，难以在此处全面讨论。其中与印纹硬陶和原始瓷器性质相类、关联最为密切的当属铜的资源。因此这里仍需要对商周时期铜资源（铜器、金属原料）的生产、流通问题概要论述，以期在大的资源背景下论述资源与社会的关系。

　　研究铜资源的流通问题，实际包含铜器生产、流通，铜料、铅料、锡料的流通等多个层面。讨论这些问题,科技方法不可或缺。以往利用科技手段开展的相关研究主要关注矿料的具体来源地,应用的方法主要是铅同位素方法。但矿料来源仅是铜资源中的一个层面,且铅同位素方法受限于铜、铅、锡的混熔,有其应用的限制,亟待新的思路和方法进行补缺。我们认为讨论矿料的具体来源地,其最终目的和意义仍然是为了论述矿料流通、生产组织、文化关联等等问题,因此在确定具体来源地存在较大的技术困难时,我们可以从铜器产品出发,直接将关注点转变为铜器、原料的生产、流通体系。

　　具体到研究方法来说,铅同位素方法的局限在于因铜、铅、锡原料的混熔,难以准确判断数据指向的原料类别。但一般认为铅含量达到或超过2%的铅青铜类型铜器,其铅同位素数据当指向铜器中铅料的特征。因此本书主要以铅同位素方法讨论铅料来源。除铅同位素方法外,微量元素示踪方法也是讨论矿料来源的重要方法,但由于微量元素复杂多变等原因,其应用相对较少,尤其在中国并未大范围开展研究。近年来,利用微量元素讨论矿料特征出现了方法上的突破。牛津大学考古与艺术史实验室的 Peter Bray 博士与 Mark Pollard 教授通过一系列的实验和研究提出了一套新的研究方法——微量元素分组法,为金属原料流通的研究提供了新的方法和视角[①]。牛津大学学者也以中国为例对此方法进行了介绍[②]。

　　这种方法的基本思路是利用铜器中微量元素的组合特征判断金属原料的类型。具体而言,该方法是利用砷、锑、银、镍四种元素在铜器中的有无(以 0.1% 为界进行区分),建立起 16 个不同的微量元素小组(表 5.1)。如第 1 组为 NNNN,代表砷、锑、银、

① a. Budd, P., Haggerty, R., Pollard, A. M., Scaife, B., and Thomas, R. G. "Rethinking the quest for provenance", *Antiquity*, 1995(70), pp.168-174.

　b. Bray, P. J. *Exploring the social basis of technology: re-analyzing regional archaeometric studies of the first copper and tin-bronze use in Britain and Ireland*, UK: University of Oxford, 2009.

　c. Merkel, J.F. *Reconstruction of Bronze Age copper smelting, experiments based on archaeological evidence from Timna, Israel*, UK: University of London, 1982.

　d. Earl, B. and Adriens, A. "Initial experiments on arsenical bronze production. Journal of the Minerals", *Metals and Materials Society*, 2000(52), pp.14-16.

　e. Pollard, A.M., Bray, P.J. and Gosden, C. "Is there something missing in scientif provenance studies of prehistoric artefacts?", *Antiquity*, 2014(88), pp.625-631.

　f. Pollard, A.M., Bray, P.J. and Gosden C. "Is there a problem (and an opportunity) in provenance studies of archaeological copper alloy artefacts?", BUMA VIII conference proceedings.

　g. Coghlan, H. H. and Case, H. J. "Early metallurgy of copper in Ireland and Britain", *Proceedings of the prehistoric society*, 1957(23), pp.91-123.

　h. Bray, P. J. and Pollard, A. M. "A new interpretative approach to the chemistry of copper-alloy objects: source, recycling and technology", *Antiquity*, 2012(86), pp.853-867.

② 马克·波拉德、彼得·布睿等:《牛津研究体系在中国古代青铜器研究中的应用》,《考古》2017 年第 1 期。

镍四种元素均无(Y 为 Yes，N 为 No)。第 2 组为 YNNN，代表四种元素中仅有砷元素。分组过程中需对数据进行归一化处理。之所以选择以上四种元素，一方面是由于微量元素在冶炼、铸造、加工等一系列环节中均会受到不同程度的影响，而大量的研究表明上述四种元素在各种环境中的变化规律相对明确，适用于开展"示踪研究"，可称为"诊断性元素"[1]；另一方面也缘于世界范围内这四种元素发表最为普遍，可供跨区域对比。至于 0.1% 的区分标准则是在长期、大量的研究实践中总结出来的，在具体研究过程中，也可根据数据特征尝试性地调整这一标准。

表 5.1　微量元素分组(元素顺序为砷、锑、银、镍，Y 代表有，N 代表无)

1	NNNN	9	YNYN
2	YNNN	10	NYNY
3	NYNN	11	YNNY
4	NNYN	12	YYYN
5	NNNY	13	NYYY
6	YYNN	14	YYNY
7	NYYN	15	YNYY
8	NNYY	16	YYYY

　　这些微量元素分组本身仅仅是化学元素的特定组合，不具有任何考古学意义。分组的作用是构建一种新的研究体系，为不同区域铜器所用原料类型的比较提供平台。通过归纳不同分组在时代、地域上的分布、变化规律，结合考古学的相关线索，有可能通过化学分析的方法来研究当时的铜器生产、流通体系。在实际研究中，我们尤为注意多个不同微量元素小组固定出现的组合性特征，当不同区域的铜器数据均表现为相同的微量元素小组的组合时，这些区域的铜器所用原料来源应当一致。

　　至于不同微量小组所指征的原料类别，则需要具体分析。多数情况下，微量元素小组反映的是铜料来源，但也有一些微量元素小组会受到铅料添加的影响。我们提出通过观察铅、锡含量与微量元素分组的分布关系来讨论其所指征的原料类型。假设某地大量数据表明第 12 组铜器数据基本都为铅青铜类型，两者间存在对应关系，则

① Mckerrell, H. and Tylecote R. F. *Working of copper-arsenic alloys in the Early Bronze Age and the effect on the determination of provenance Proceedings of the Prehistoric Society 38*, London：Royal Society,1972, pp.209 - 218.

表明该组可能受到铅料影响。运用微量元素分组的方法,Peter Bray 博士对英国史前的铜料流通问题做了全面分析,取得了理想效果[1]。我们结合中国考古学的特征,以考古学问题为本位,针对性地利用该方法并结合铅同位素、主量元素数据,进行了大量的研究实践,事实证明该方法尤为适合中国的铜器研究[2]。以下结合我们关于铜器流通的研究结论分时段地进行论述,以构建不同时期的资源流通背景,讨论其与社会间的关联。

早、中商时期,商文化区域内外的铜器资料可分别以郑州商城、盘龙城、城洋铜器群为代表,印纹硬陶和原始瓷器资料则除郑州商城、盘龙城外,还包括吴城、角山、池湖等遗址。从铜器流通情况来看,我们的研究认为盘龙城铜器的原料类型有部分与郑州商城相同,另有部分不见于郑州商城。盘龙城的部分铜器当是独立铸造的,另有部分铜器则与郑州商城关系密切。类似的情况也见于城洋铜器群中的本地式铜器。早、中商时期的汉中地区,已经可以独立铸造本地特色的弯形器和铜钺等,并且部分铜器可能使用了源于中原地区的原料。另外该地早、中商时期的青铜容器当是直接源自郑州商城为代表的中原地区。也就是说,该时期的盘龙城已具备一定的"自主性",汉中地区则与中原地区之间存在着铜器产品和原料的双重流通。

联系到印纹硬陶和原始瓷器的情况,我们认为早、中商时期的印纹硬陶和原始瓷器可能来源于吴城、池湖等多个地点,且可能在不同地点有意识地选取了不同类型的器物。这些地点的产品大多汇集到盘龙城遗址,再由此转运至中原,当然也不排除一些地点直接与中原发生交流的可能性。至于盘龙城遗址本身是否生产印纹硬陶和原始瓷器则尚无明确证据。

将商文化分为文化区域内外两个层次来看,郑州商城和盘龙城是商文化区域内不同属性的代表。来自区域外的资源通过盘龙城转运至郑州商城,从这一角度而言,盘龙城实际发挥着资源获取据点的作用。那么这一可能是商王朝最为重要的资源据点是否仅仅是为获取印纹硬陶和原始瓷器而设置?我们认为其更为重要的功能可能还是获取金属原料资源。尽管盘龙城近旁有铜绿山遗址,但目前尚未见到铜绿山遗址在早、中商时期被商人开发的证据。但在印纹硬陶和原始瓷器流通线路不远的瑞昌铜岭遗址的矿井中发现该时期的商式陶鬶。附近的荞麦岭遗址也显示出与盘龙城

① Bray, P. J. and Pollard, A. M. "A new interpretative approach to the chemistry of copper-alloy objects: source, recycling and technology", *Antiquity*, 2012(86), pp.853–867.

② 黎海超:《资源与社会:以商周时期铜器流通为中心》,北京大学博士学位论文,2016 年。

的密切关联。综合考虑这些因素,可以推论盘龙城应当掌控着长江中游地区的铜料生产。这大概也是盘龙城人群独立铸造铜器的原料来源。

在商文化区域之外,可以看到不同地点与商王朝之间进行着形式各异的资源互动。如汉中地区不仅"进口"中原的铜器,还可能使用中原类型原料独立生产铜器,反之汉中向中原输入的资源尚不清楚。包括吴城、池湖在内的南方多个地点均是印纹硬陶和原始瓷器的"出口"地,同样的中原向这些区域输入的资源也有待确定。尽管这一时期的流通网络和形式仍远不够完善,但以金属资源为主体,以盘龙城这类资源据点为媒介,跨商文化区域内外的资源流通网络已经初步呈现。印纹硬陶和原始瓷器当是在这一大的流通背景中的部分内容。甚至进一步而言,这两类器物或许只是在以金属资源为主导的流通体系中的附属品。毕竟对于中原王朝而言,印纹硬陶和原始瓷器的意义远不及铜器。

晚商时期的情形或更为复杂,探讨资源与社会也更具典型意义。我们以同样的方法对南北多地的铜器进行系统分析。我们认为此时中原王朝使用的金属原料有着多个来源。根据目前的数据,起码可知汉中或附近地区、皖南地区的铜料资源当是向中原流通的(图5.1)。另外殷墟、三星堆、汉中、宁乡、新干等地铜器群均显示出高放射性成因铅的特征,尽管这类数据指征的原料类型、源头及流通方向均无定论,但依据这类数据显然可将中原和整个长江流域串联起来。由此形成范围广大的金属资源流通网络。

印纹硬陶和原始瓷器类似于金属资源,同样也有着多元化的来源。例如殷墟所见的印纹硬陶瓿和原始瓷豆就分别源自长江中游的费家河和长江下游的南山窑址(图5.1)。除了这些资源外,商王朝对于马匹、龟甲、海贝等各类资源也需求巨大。这些资源又非中原地区所固有,当多为外部输入。尽管对于资源具体的来源地仍待具体论证,但结合以往学者研究成果及考古资料的分布情况,可初步提出假设。马匹或来自殷墟西北,龟、贝则极可能产于南海,盐业生产则以山东地区为盛,或存在关联(图5.1)。无论上述资源来源何地,在晚商时期,殷墟遗址显然成为各类资源的集纳和消费中心。铜、陶、瓷、马、龟、贝、盐等各类资源均流向殷墟。至于不同的资源输出地与商王朝之间的关系则不可一概而论,资源的输出方式可能较为复杂。

另一方面,殷墟向周边地区输出的资源尚不明确。目前可见最为明显的方面便是铜器产品、铜器技术以及用铜观念,尤其对于长江流域的影响最为显著。在汉中等地可见来源于中原地区的商式铜器,在三星堆、宁乡、新干等重要的铜器群中均可以看到中原铜器的强烈影响。尽管目前南北资源互动的诸多细节仍无结论,但在商王朝与周边地区之间当已形成贯通南北、内容庞杂的资源流通体系(图5.1)。印纹硬陶和原始瓷器便属于这庞大体系中的一部分。

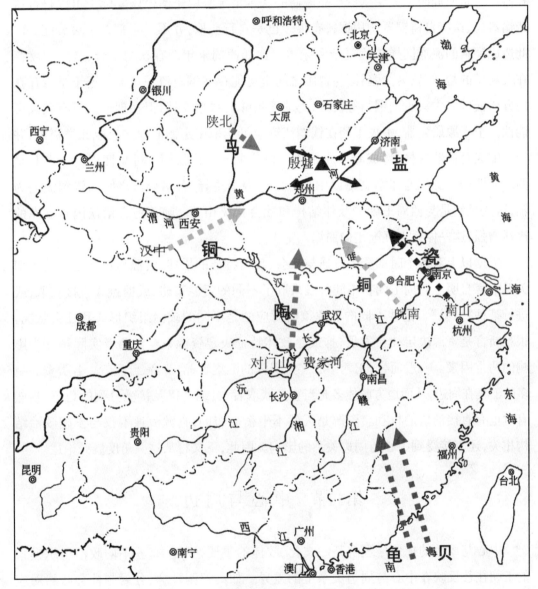

图5.1 晚商时期资源流通推测图

西周时期由中央王朝和各地诸侯国之间形成了新的资源互动体系,适应于"分封建国"的基本策略。根据我们对周原、弜国墓地、琉璃河墓地、叶家山墓地、晋侯墓地等铜器群的综合研究,初步可以认为在西周早期铜器的生产以中央王朝的分器为主导,地方诸侯国自铸为辅。此时中央多分配成套的高质量礼器,可能是配合"分封建国"而作为政权、礼制的象征物。到西周中期开始,情况变得较为复杂,一些诸侯国铸铜业日益独立,并开始突破一些西周早期存在的"政治束缚",甚至自行生产成套铭文礼器。这是西周时期关于铜器产品流通的基本情况。由于诸侯国实际上可以自行铸造铜器,且这些自铸铜器所用铜料有很多也是自行获取,并不一定都是中央分配。由此造成铜料的流通同样较为复杂和频繁。比如西周末年至春秋初年晋、楚之间就存在大规模的盐、铜贸易。强]国与曾国之间也可能存在铜料流通现象。至于是否存在地方诸侯国向中央贡纳铜料等资源,尚缺乏足够的数据支持,但在理论上具有较大可能性。至于原始瓷器,中央王朝在钱塘江流域可能采用定制的模式获取此类资源,并像分配成套铜器一样,将成套的原始瓷器也分配至各诸侯国。可见西周时期尤其是西周前期的资源流通体系就是以中央分配资源为主导,各诸侯国之间的资源流通为辅,这些显然是与西周王朝的政体结构和社会状况相关。随着地方诸侯国独立性的逐渐增强,这一体系也逐渐走向崩塌。

依据以上对各个时期资源流通与社会、政治特征的描述,资源与社会之间的密切关系不言自明。商周王朝在不同阶段采取了不同的资源策略,或据点式直接获取,或进行某种"贸易"。这些不同的资源策略对应的是不同的政治组织形式和社会状况。很难断言是资源决定社会发展,抑或是政体特征决定资源策略。两者实际是互为影响的两重因素。一般而言,王朝中心多是资源的汇集者、消费者、分配者。各类资源更多的汇集在周边,从而地方政体多充当直接获取者、贡纳者以及接受分配的角色,当然有时也有直接消费的权利。资源是天然不平衡分布的,资源流通不仅与王朝政治结构相关,还直接受到中心与周边关系的影响。因此,下文将从这一角度展开论述。

第二节　中　心　与　周　边

中心与周边的视角是理解某一文化、政体的重要途径。有着不同政治组织模式的王朝往往反映在中心与周边关系上的差异。如集权制社会、分封制社会必然对应不同的中心与周边的关系。而如前所述,中心与周边通常担负不同的资源功能,或消费或聚集或分配。因此将资源流通置于中心与周边的视角下进行讨论,对于我们认识王朝的政治结构、社会特征有重要意义。以下仍然分时段地进行论述,除印纹硬陶和原始瓷器资源外,同样需要涉及金属资源等,以掌握完整资源流通信息。

早、中商时期的中心可以郑州商城为代表,该地点也是北方发现印纹硬陶、原始瓷器包括铜器数量最多的地点。周边则以盘龙城最具代表性。关于郑州商城和盘龙城的资源流通关系前文已经论及。盘龙城的性质相当于商王朝在南方设置的资源获取型据点。南方多个地点的印纹硬陶和原始瓷器汇集至盘龙城后,由此转运至郑州商城。铜料等金属资源可能也有类似的流通过程。商文化的据点这一属性大体已成定论。但我们认为盘龙城虽然担负了此类功能,另一方面其自身也具备一定的独立性、区域性特征。这些特征通过对资源的消费表现出来。

从印纹硬陶和原始瓷器来看,郑州商城所见的绝大部分器形都可在盘龙城找到对应,但盘龙城还出土一些不见于郑州商城的器形,类型更为丰富。郑州商城的高等级墓葬中主要随葬原始瓷折肩尊,印纹硬陶和原始瓷器存在明显区别。盘龙城的高等级墓葬则既出土印纹硬陶又见原始瓷器,两类器物在器形上也有重合,未做严格区分。因此盘龙城人群作为印纹硬陶和原始瓷器资源的聚集者,虽然也使用了这两类器物,但其并未遵循郑州商城的器用制度。

从铜器来讲,盘龙城出土铜器多达三百余件[1]。另外盘龙城部分铜器的器形、纹饰、铸造技术均具备一些自身特点[2]。从铜器的元素特征来看,部分铜器与郑州商城关系密切,另有部分铜器则可能是盘龙城人群使用不见于郑州商城的原料在当地生产的[3]。因此盘龙城在铜器铸造上也具有一定独立性。可见盘龙城尽管为商文化属性,但也并非是商王朝控制下的没有自主权的据点,而具有一定的独立性和自主性。这是我们在理解早、中商时期中心与周边的关系中需要特别注意的一点。

当然除盘龙城外,早、中商时期还发现有其他的地方中心,例如垣曲商城、府城商城、东下冯商城等。刘莉、陈星灿先生系统论述了垣曲商城与资源的关系[4],我们赞成两位先生关于早、中商时期以城为中心的资源控制模式。盘龙城便是这类资源控制中心的典型代表。商文化周边分布多个此类中心,这些地方中心成为商王朝获取资源的主要来源。周边与王朝中心之间形成一种既有隶属关系,可能又具备一定独立性的网络。在这种模式的推动下,早、中商时期商文化的分布范围不断扩张,这或是地方中心追求资源的一种反映。

商时期的周边应当具有两个层次,既商文化内的周边和商文化区域外的周边。

---

① 湖北省文物考古研究所:《盘龙城——1963~1994 年考古发掘报告》,文物出版社,2001 年。
② 张昌平:《盘龙城商代青铜容器的初步考察》,《江汉考古》2003 年第 1 期。
③ 黎海超:《试论盘龙城遗址的区域特征》,《南方文物》2016 年第 1 期。
④ 刘莉、陈星灿:《城:夏商时期对自然资源的控制问题》,《东南文化》2000 年第 3 期。

关于商文化区域外的周边前文已有简要分析,可以城洋铜器群分布的汉中地区和吴城及附近遗址为代表。这些周边区域与商王朝之间明显存在资源互动。不同区域的资源类型不同,如吴城及附近遗址互动的有印纹硬陶和原始瓷器等资源。但上述两个区域的共同特征均是受到商文化铜器显著影响的结果。其中经过科学分析的城洋铜器群甚至从中原地区直接引入商式铜容器。吴城所见铜器也表现出明显的商文化的影响。另一方面,两个区域的铜器也显示出自身的一些特点。我们认为无论是铜器产品、铜器制作技术还是铸铜工匠,均是重要的资源。这些资源中的某类或某几类显然存在由商文化区域向外流动的现象。

至于交流的具体方式,可能主要有两类。一类是商文化区域外的周边与商文化区域内的资源控制中心直接交流,这类交流可能是早、中商时期的主要模式,前文论述的盘龙城便是典型案例。汉中地区如何与商王朝进行交流仍缺乏充足的证据。另一方面,我们也不否认商文化区域外的周边与郑州商城这类商文化的中心直接交流。但对于这种情况,尚无法做有效论证。总之,早、中商时期中心与周边关系的构建主要是建立在对各类资源的获取和流通方式上。以城为中心的据点式资源获取中心不断发展,商文化的分布范围持续扩张,并对商文化周边区域的文化形成强烈影响,并构建起某种资源流通网络。

到晚商时期,以上的资源流通模式、王朝的政治组织结构以及中心与周边的关系均同时出现较大变化。这些变化的起点大约可追溯到盘龙城的废弃。早、中商时期,以城为中心的扩张趋势约在中商末期结束,其标志性的现象便是盘龙城的废弃。盘龙城的废弃引起了一系列的关联反应。商文化在南方的势力迅速收缩,随之各地土著文化兴起。到了殷墟二期前后,整个长江流域的青铜文明达到顶峰状态,包括三星堆、宁乡、新干甚至包括汉中等重要的铜器群均发展起来。此时以殷墟为核心的商王朝和以上述铜器群为特征的长江流域土著文明之间形成了新的密切联系网络,这主要表现在几个层次。

首先,从资源的流通情况来看,晚商时期印纹硬陶和原始瓷器的流通路线和来源均较之前发生了很多变化。所流通的器类、器形也与早、中商时期存在根本差异。但总的来说,晚商时期殷墟所见的这两类器物仍然主要来自长江中游、下游的不同地点。除印纹硬陶和原始瓷器资源外,前文已经提到晚商时期商王朝所用的金属资源可能来自包括汉中、皖南在内的多个地点。可见此时长江流域是商王朝重要的资源来源地。资源的流通往往是双向的,对于商王朝向长江流域输出的资源我们尚无结论。但长江流域各重要铜器群均显示出商文化风格和商文化在技术上的显著影响，或是商王朝文化、技术性资源外输的体现。

另一方面，长江流域各土著文化之间也在此时形成密切的交流网络。具有长江流域特色的尊和罍广泛分布在包括汉中、三星堆、新干、阜南在内的整个长江流域①。相似的"虎噬人"纹饰在三星堆、阜南的铜尊以及长江中游的铜鼓上均可见。还有汉中出土的青铜人面具与新干同类器如出一辙。这些跨越整个长江流域的相似文化因素将长江流域各文明连接成有机的一体。另外值得注意的现象是，以上提及的长江流域各铜器群与殷墟铜器均以具有高放射性成因铅数据为主要特征，尽管此类数据指征的原料类型尚无法定论，但显然金属资源在商王朝与长江流域之间以及长江流域各土著文化内部之间均是重要的交流内容。

晚商时期，商王朝与周边的土著文化之间似乎形成了某种"贸易互换"式的资源交流体系。与早、中商时期不同的是，此时商王朝不再通过盘龙城式的资源据点直接获取资源。事实上，整个晚商时期都几乎找不到这类地方中心。再看商文化内部，根据我们对商文化内部中心和周边多个地点铜器进行分析，认为晚商时期商文化对铜器主要采取了集中生产、再行分配的策略。王朝中央显示出更强的"集权化"特征，类似于早、中商时期盘龙城所具有的独立性趋向在晚商时期消失。晚商时期形成的新的中心与周边的关系与新的资源流通体系相适应。

西周时期的资源流通体系前文已有较为详细的讨论。此时的资源流通完全与"分封建国"的政治模式相适应，并伴随中心与周边势力的失衡而逐渐改变。如前文所述，西周前期铜器的流通体系以中央王朝支配的生产和分配为主体，以各地诸侯国小规模的生产为辅。原始瓷器可能是中央王朝在东南采用定制的方式进行生产，再由中央王朝向各诸侯国分配。无论是铜器还是原始瓷器均按照礼制制度成套分配。诸侯国与中央王朝之间通过这种资源流通保持联系，当然诸侯国向中央也必然贡纳资源。总之，西周时期的中心与周边的关系以分封为基本特征，以中央分配为主导的资源流通模式也与之相匹配。

综上所述，商周王朝的不同阶段表现出不同的政治构架，映射出不同的中心与周边的关系。适应于这些不同的关系，资源流通模式也完全不同。这两重因素孰为因果难以定论。王朝的中心往往担负着资源的聚集和再分配的作用，通过对资源的再

---

① 张昌平：《论殷墟时期南方的尊和罍》，《考古学集刊》15，文物出版社，2004年。

分配来调节中心与周边的关系。王朝区域内的周边往往承担为中心供给资源的责任，并同时也接受中央的资源分配。在资源的流通过程中，王朝与王朝区域外的土著文化之间形成了多种形式的关系。至于这些关系的具体内涵，是平等贸易，还是属国贡赋，抑或是强行掠夺等等仍有待于对资源流通的性质进行探讨。为此，下文将对这一问题做进一步讨论。

第三节　贸 易 与 互 换

本节以贸易与互换为题并非主张商周时期印纹硬陶和原始瓷器的流通属于贸易或者互换的范畴，而是尝试在这种思路下对这两类器物流通的性质进行分析，从而为类似的研究补充材料。资源流通的性质多种多样，有通过殖民直接获取、平等贸易、强行掠夺、属国进贡、征收赋税等等形式。判断印纹硬陶和原始瓷器的流通性质相对而言较为困难，很难得出确定结论。但笔者认为目前中国考古学研究中缺乏对早期贸易与互换的足够关注和讨论，印纹硬陶和原始瓷器流通背景明确，有必要做一些尝试性研究。

关于贸易与互换的研究，西方考古学界已有较为成熟的成果和理论，Colin Renfrew 和 Paul Bahn 的著作中有系统介绍①。首先需要明确的是贸易（Trade）与互换（Exchange）两个概念的区别。Colin Renfrew 和 Paul Bahn 提到当讨论具体商品时，两个概念无甚差别，但总的来说互换的概念含义更为广泛，一切物质的、非物质的交流均可划归互换的范畴。在很多时候，互换过程中的关系的建立和维持要远比交换的物品本身更为重要。至于贸易，通常更多的指与外部世界进行的互换。当然有时内外两种互换的界限并不明确。既然互换的含义更广，那么在背景信息缺乏的情况下，以互换的概念进行讨论更为稳妥。

美国人类学家 Karl Polanyi 提出了关于互换的三种模型，分别为互惠式（Reciprocity）、再分配式（Redistribution）以及市场式互换（Market exchange）②。互惠式互换的双方具有对等地位，任何一方均不居于主体。这种互换类似于交换礼物，一方

---

① Colin Renfrew, Paul Bahn. *Archeaology: Theories, Methods and Practice. 6th edition*, London：Thames & Hudson Ltd, 2012, pp.347 – 380.

② Polanyi, K., Arensberg, M., & Pearson, H. (eds.). *Trade and Market in the Early Empires*, Free Press：Glencoe, IL.

送出礼物,另外一方虽不必立马还礼,但也形成早晚必须还礼的约束力。根据近亲、熟人、陌生人等关系远近的不同,还会出现不同的互惠形式。再分配式交换通常由中心组织实施。各类资源、物品在中心汇集,再向各地进行再分配,从而摆脱无序交换的局面,提高资源流通的效率。这种交换通常发生在集中化组织的社会,如酋邦和国家。市场式互换更易理解,其要素包括供交换进行的特定市场以及可进行议价的社会关系。这三种模型的提出,可以看作是对互换性质的总结。

关于资源流通的具体形式,Colin Renfrew 和 Paul Bahn 提出了多达十种形式,可供参考。1. 直接获取,既 B 可直接到某类资源产地获取资源,不受任何影响,这种情况下便不存在交换。2. 互惠式(基地型),既 B 到 A 的居住地交换各自掌握的资源。3. 互惠式(边界型),A 与 B 在其共同边界进行交换。4. 连线式,通过连续的互惠式交换实现跨越多个区域的交换。5. 中心再分配式,A 向中心进贡资源,并获得回报,B 同样向中心进贡并得到 A 的资源。6. 中心市场式,A 携带产品到中心市场直接同 B 换取 B 的产品。7. 中间商式,中间商分别同 A 和 B 进行互换。8. 使者式,B 派使者同 A 进行交换。9. 殖民飞地式,B 派使者在 A 附近建立殖民地以同 A 进行交换。10. 口岸式,A 和 B 均派使者到 A、B 管辖范围外的中心地点进行交换。

以上三种模型、十种形式基本涵盖了资源流通的绝大部分情形。笔者介绍以上信息并非为了将印纹硬陶和原始瓷器的流通套入到上述某种模型中。毕竟每个文明的不同阶段均有其特殊性,简单套用只会产生思维局限。但上述西方理论对于我们理解中国早期的贸易与互换依然有重要的启发意义。以下仍分时段进行论述。

早、中商时期,印纹硬陶和原始瓷器虽然来源较多,但在流通过程中可能多通过盘龙城进行转运。盘龙城这类控制资源的地方据点实际上便类似于商王朝设置在南方的"殖民地"。但这一"殖民地"与资源来源地之间是怎样的关系我们仍无法定论。如吴城文化,既能看到商文化的强烈影响,同时也保留自身的文化特征。事实上,即便是盘龙城遗址也存在当地文化因素。从考古学文化来看,我们仅能看到两者之间有较多共同的文化特征,有密切关联,却很难对这种现象的本质做出具体解释。因此对于早、中商时期的印纹硬陶和原始瓷器资源,当属于通过"殖民地"的获取,至于获取的具体手段仍有待进一步探索。

晚商时期,在商文化内部对铜器等资源实行了"集权式"的集中管理和分配方式。商王朝与印纹硬陶、原始瓷器的来源地——长江流域之间已经没有盘龙城这样的"殖民地"作为资源流通的中介。我们推测此时某种新的互换形式相应形成,在这种互换形式中,长江流域各土著文化与商王朝可能处于对等或相对独立的位置。长江流域以金属资源为主体包括印纹硬陶和原始瓷器等资源输入商王朝,反之在铜器生产技术以及其他尚无线索的层面得到商王朝的"资源输出"。这种跨区域的交流网络将南北不同文化连为一体。

西周时期,在王朝内部主要实行了再分配式的资源流通方式。中央王朝将成套的铜器、原始瓷器分配给各个诸侯国。当然根据文献记载,分封的内容实际相当丰富,包括土地、人口、各类物品等等。反之诸侯国向中央王朝也必然贡纳资源。但对于诸侯国的贡纳本书并未做直接研究。

总体而言,尽管讨论商周时期的贸易与互换无须用西方理论生搬硬套,但实际上前文讨论的几种互换形式多在西方的理论成果中有所反映。这或是人类行为的共通性特征。由于方法、能力和材料的局限,笔者对于贸易与互换的讨论无法更进一步。待将来一些细节性特征逐渐清晰时,或许可以看到商周时期贸易与互换的一些独有模式。

第六章 结 语

第一节 结 论

北方地区商周时期的印纹硬陶和原始瓷器作为两类特殊性质的器物,在中国古代器物学的研究中颇具典型意义。这两类器物不仅物理性质特殊,等级上也区别于普通陶器,更为重要的是其作为南北物料流通的具象体现,为探索南北文化交流提供了重要线索。也恰是缘于两类器物的特殊性和重要意义,使其成为学界关注的热点。总结以往的研究,尽管成果卓著,但三个方面的缺憾显而易见。首先是研究集中于原始瓷器,而对于与之关系密切的印纹硬陶器少有专门探讨。其次,对于产地问题的过度关注造成了基本性研究的缺乏。例如关于两类器物类型、等级、族属、组合等文化属性的专门讨论暂付阙如。最后,关于产地问题的讨论多局限于对来源地的探寻,对于流通的形式、动因等文化背景少有深入阐释。

在此背景下,笔者以北方地区商周时期印纹硬陶和原始瓷器作为研究中心,将两类器物分开讨论。首先进行基础的类型学分析,再结合器物出土背景的梳理,全面认识两类器物的文化属性。在此基础上,与南方地区的材料从类型、使用等方面着手进行对比,由此讨论产地问题,并结合考古学背景对流通的内涵做出解释。

根据以上角度的分析,笔者认为北方地区商时期的印纹硬陶和原始瓷器是性质完全不同的两类器物。印纹硬陶器的主要器类,如尊形器、瓿、瓿形器等不见于原始瓷器。同样的,原始瓷器的主要器类如折肩尊、豆、壶、器盖等也基本不与印纹硬陶重合。可见商人对这两类器物进行了有意识的区分。此外两者反映的文化背景也有显著差异。早、中商时期商文化的高等级墓葬中多随葬原始瓷器而少见印纹硬陶器。但到了晚商时期,商文化的高等级墓葬中却少见原始瓷器而开始流行印纹硬陶器。两类器物的相同之处在于,从早、中商时期到晚商时期,两者几乎同时发生了根本性的变化。这种变化除了体现在器物随葬传统的改变外,两类器物的器类在中、晚商之际也有根本性转变。早、中商时期印纹硬陶器中常见的尊形器到晚商时期不再出现，而晚商时期发现的硬陶瓿也不见于早、中商时期。原始瓷器的器形在早、中商时期主要为折肩尊，到晚商时期则变为豆、罐、壶等。

通过与南方地区材料的全面对比，笔者认为北方地区在中、晚商之际发生的显著变化是受到其来源地的影响。早、中商时期，北方地区的印纹硬陶和原始瓷器来源于南方的多个地点，包括盘龙城、吴城、池湖等，其中南方多个地点的器物可能有部分通过盘龙城遗址转运北方，也或有直接传播的现象。商人在不同地点按照固定的选择标准选取特定的器物，器物运抵北方后，又以新的器用制度进行使用。此时印纹硬陶和原始瓷器当是商王朝与南方地区资源流通的一部分。根据我们的研究，在南北资源流通的路线中，铜料资源可能才是流通的主体，而印纹硬陶和原始瓷器或作为附带品存在。此时商王朝以盘龙城作为直接据点控制南北资源流通。

随着中商末期，盘龙城遗址废弃，商王朝在南方地区失去了直接的资源控制据点。随后以三星堆、宁乡、新干为代表的长江流域土著文明兴起。商王朝与南方各土著文化间似乎形成了新的资源流通模式。包括殷墟在内的南北各地广泛使用高放射性成因铅原料，显然金属资源是当时南北文化交流的重要内容。伴随着南北资源流通模式的变化，晚商时期印纹硬陶和原始瓷器的来源地也发生一些改变。包括长江中游对门山—费家河类遗存和长江下游南山窑址等地点成为新的来源地。这些地点的产品各具当地风格，由此也造成了北方地区印纹硬陶和原始瓷器到晚商时期发生根本性变化。以上仅是笔者根据现有材料提出的一种推论，但从宏观的文化视角来看，商时期的印纹硬陶和原始瓷器应当是在南北资源、文化交流的大背景下开始流通的。

西周时期北方地区极少出土硬陶器，原始瓷器则是对晚商原始瓷器的继承和发展。笔者认为北方地区西周时期的原始瓷器可明显分为两个阶段。西周早、中期的原始瓷器类型丰富、数量较多，正处于繁荣阶段，但西周晚期时已进入衰落期。出土原始瓷器的墓葬绝大部分为大、中型墓葬，且原始瓷器的数量与墓葬等级成正比，可见对于原始瓷器的使用存在着较严格的等级规定。就使用人群来看，西周早、中期原始瓷器在殷遗民中似乎更为流行。从西周王朝核心区向四周，原始瓷器的类型和数量逐渐变少，呈辐射状分布。另外从中央到地方，各地原始瓷器的器形和组合均保持高度的一致性。根据这些特点，笔者推测北方地区西周时期的原始瓷器有着统一的生产来源，且可能存在着中央集中分配的现象。

　　为探讨北方原始瓷器的来源,笔者对南方地区西周时期的原始瓷器也做了初步分析。笔者认为以德清为中心的钱塘江流域是江南地区原始瓷器的生产中心。此外,浙东区或属另一生产中心,宁镇区则尚待讨论。北方地区的原始瓷器当主要源于钱塘江流域,另外有零星材料与浙东、闽北地区相关。考虑到北方各地原始瓷器器形极为一致,似为批次化生产,且有部分器物显示出周文化因素,据此笔者提出推论认为北方地区的部分原始瓷器可能是在钱塘江流域批量订制。订制产品运抵中央后,再按照器物组合分配给各地贵族使用。这与官窑制度在本质上具有相似性。商周时期不仅是原始瓷器的发生、发展期,见于后世的官窑制度或许在西周时期已初具雏形。

　　纵观北方地区印纹硬陶和原始瓷器的发展脉络,可以发现两类器物的发展具有阶段性特征。大体而言,早、中商时期是印纹硬陶和原始瓷器发展的初始期。此时中原地区初步形成两类器物的器用制度,南北流通路线也已开拓形成。晚商时期,两类器物在器形、使用上发生了诸多重大变化,来源也有所不同。根据目前发表资料来看,原始瓷器似乎略显衰落,但笔者认为仅依现有发表材料还无法对此时期的发展状况做出准确判断。到西周早、中期,原始瓷器的发展进入繁荣期,器形、数量均更为丰富,器用制度较为成熟,甚至来源地也更为固定。印纹硬陶则逐渐退出舞台。到西周晚期时,原始瓷器开始衰落,直至东周时期基本消失。由发展、鼎盛直至衰落消失,造成这种动态变化的因素是多方面的,其中就包括中原王朝与来源地间文化关系的变化,资源流通模式的不同,中原王朝器用观念的演变等等。

　　放眼至整个中国瓷器发展史中,北方地区商周时期的印纹硬陶和原始瓷器走过了从发生到鼎盛到消亡的独立过程,其与后世的瓷器包括釉陶有何传承关系还有待进一步探讨。但可以肯定的是见于后世瓷器的一些技术特征以及使用观念已经在商周时期出现。可以说将商周时期视为中国瓷器发展的滥觞期是较为适宜的。

　　以上为笔者对北方地区商周时期印纹硬陶和原始瓷器的基本认识。笔者认为印纹硬陶和原始瓷器研究的意义不仅仅在于产地问题的探讨,也不当局限为单纯器物学的研究。将两类器物视为特殊资源,置于当时南北文化互动的大背景中,讨论当时的资源与社会、中心与周边、贸易与互换等问题,这对于复原古代社会将起到更为直接的作用。

　　受学力所限,本研究中一些重要的分析并未展开,不少结论也仅停留在推测层面。但仅愿以此书为抛砖,希望能对考古学中的类似研究有点滴助益。

第二节　不　足　与　展　望

本书成稿,与最初的设想仍存在较大差距。由于各种限制,文中的部分结论也有待进一步求证。故此需对本书的不足与展望简要梳理,或能为后来者提供一些参考。

首先需要说明的,本书所用材料基本都为已发表材料。但根据笔者各地调查的情况,未发表的印纹硬陶和原始瓷器材料尚有不少。这使得文中某些结论需谨慎看待。如殷墟已发表的完整原始瓷器数量有限,容易造成原始瓷器"不发达"的印象。但实际上殷墟出土的原始瓷器碎片数量不少,这些碎片显然也是需要纳入统计的重要资料。同样的现象也见于其他遗址,发表材料多侧重于完整器,这对于客观衡量器物的出土量等方面都会产生不利影响。

其次,在研究方法上,许多最初设想的内容未能实现。本书的初衷是在考古学分析之外同样进行系统的科技考古分析工作。先进行基础的考古学分析,建立器物的分类、分期、分区标准,再按照所划分的不同类别进行系统采样,将器物的考古学分类与科技数据的分类进行对照,以此讨论器物生产、来源等诸多问题。在研究过程中,还可建立起印纹硬陶和原始瓷器的科技数据库,明确不同时代、区域器物的数据特征,从而为今后相关研究提供参考。

除科技分析内容外,本书起初还计划将器物的生产工艺作为重要的研究内容。参考历史时期瓷器研究的一些方法,关注印纹硬陶和原始瓷器上的一些技术特征,如各类窑具的使用痕迹、陶丕的制作痕迹、施釉的技术特征等等。以上工作均需要对大量的一手材料进行观察、分析甚至取样。限于各种主客观的条件限制,未能开展。

从研究内容来讲,本书的讨论以北方地区的材料为中心,对南方材料并未做系统研究,这主要与本书的主题相关。由于讨论的核心问题是北方地区印纹硬陶和原始瓷器的来源、使用以及由此反映的资源与社会的关系,因此对于南方材料的讨论主要是为配合上述问题而展开的。若要系统研究南方地区印纹硬陶和原始瓷器的情况,还需要做大量的工作。

另外如前文所言,本书研究的最终目的是想通过印纹硬陶和原始瓷器讨论商周时期的资源与社会问题。但显然这一宏大课题需要各类材料的全面支撑,本书在这一问题的讨论上也仅是尝试性的,仍有很多的工作需要开展。例如,本书初步揭示出印纹硬陶和原始瓷器在南北流通中的起点和终点,那么对于流通路线的研究则十分必要。印纹硬陶和原始瓷器的流通路线可能也是铜料等其他资源的流通路线,是南北文化交流、互动的直接途径。本书以"金道瓷行"为题,也是为了重点表达这一含义。由于研究上的不足,目前"金道瓷行"仅作为一种推测性意见,但这也表达了笔者对于物料流通研究的一种期望,即突破具体研究对象的局限,在更广阔的视野下探索资源、社会的互动关系。

　　由于个人能力所限,该课题的研究仍有极大的空间。通过本书的撰写也使笔者认识到,面对任何材料均没有研究的终点,新问题的提出、新方法的运用均将学术不断向前推进,前进的愈多,未知的也便更多,本书也仅是印纹硬陶和原始瓷器研究无数起点中的一个。

附 录

附表一 北方地区商—西周时期原始瓷器、印纹硬陶统计表

长度单位：米

地 点	时 代	原 始 瓷 器	硬陶器及其他共出器物	出土单位规模、性质	文 献 来 源
郑州二里冈	商代前期	尊	印纹硬陶瓮	绝大部分出于灰坑、地层中	《郑州二里冈》，科学出版社，1959
郑州商城		多为圆底或底微内凹的尊类器	硬陶器形包括尊、瓮、罐、盆、壶，两类遗存在二里岗上层一期时约占陶瓷器总数量的0.2%	居址和墓葬中都有出土，完整器多出于墓葬	《郑州商城1953—1985年考古发掘报告》，文物出版社，2001
巩县稍柴		尊2	无	不明	《河南巩县稍柴遗址发掘报告》，《华夏考古》，1993.2
柘城孟庄		尊残片10	无	遗址中出土	《河南柘城孟庄商代遗址》，《考古学报》，1982.1
垣曲商城		尊1	无	出于灰坑中	《1991—1992年山西垣曲商城发掘简报》，《文物》，1997.12
华县南沙村		残片2	无	不明	《华县、渭南古代遗址调查与试掘》，《考古学报》，1980.3
耀县北村		尊	无	不明	《陕西耀县北村遗址发掘简报》，《考古与文物》，1988.2
邢台曹演庄		无	印纹硬陶残片数片	居址	《邢台曹演庄遗址发掘报告》，《考古学报》，1958.4
尹郭村南区和北区		数量不明	无	出土地层中	《邢台尹郭村商代遗址及战国墓葬试掘简报》，《文物》，1960.4

（续表）

地　点	时代	原　始　瓷　器	硬陶器及其他共出器物	出土单位规模、性质	文　献　来　源
磁县下七垣		数量不明	无	不明	《磁县下七垣遗址发掘报告》,《考古学报》,1979.2
武安赵窑		尊残片	无	不明	《武安赵窑遗址发掘报告》,《考古学报》,1992.3
洹北花园庄		无	硬陶罐、硬陶尊,遗址各单位中硬陶比例均在0.3%以下	大部分出土于灰坑、地层中	《河南安阳市洹北花园庄遗址1997年发掘简报》,《考古》,1998.10
洹北花园庄东地		无	硬陶尊4件,另有不同个体残片20余件;另有硬陶罐及少量硬陶片	硬陶罐出土于井中,硬陶尊出土于灰坑中,墓葬中不出硬陶器	《1998—1999年安阳洹北商城花园庄东地发掘报告》,《考古学集刊》15
泗水天齐庙		无	遗址第四阶段发现极少量硬陶	不明	《泗水天齐庙遗址发掘的主要收获》,《文物》,1994.12
藁城台西	商代前期	以圆底器为主,敞口折肩圆底尊最多,小口有大口折肩尊,次有短颈瓷和罐;原始瓷片早晚两期居址共发现172片	印纹硬陶及能复原一件圜底罐,印纹硬陶片早晚两期居址共发现106片	大部分出土于灰坑、地层中	《藁城台西商代遗址》,文物出版社,1977;《河北藁城县台西村商代遗址1973年的重要发现》,《文物》,1974.8
济南大辛庄		原始瓷尊、罐	印纹硬陶尊、罐、钵,印纹硬陶片50片	居址	《1984年秋济南大辛庄遗址试掘述要》,《文物》,1995.6
郑州小双桥		原始瓷尊、瓮,原始瓷片较多	印纹硬陶数片	原始瓷片主要出土于大型祭祀坑以及可能与宫殿排水有关的大灰沟下层	《1995年郑州小双桥遗址的发掘》,《华夏考古》,1996.3

（续表）

地 点	时代	原 始 瓷 器	硬陶器及其他共出器物	出土单位规模、性质	文 献 来 源
殷墟遗址 1958—1959 年发掘区域	商代后期	大型双耳罐 1	无	不明	《1958—1959 年殷墟发掘简报》,《考古》,1961.2
刘家庄北 M1046		无	硬陶罐 1,陶器 13,青铜器 123,玉石器 66,骨器 6,蚌贝器 93 等	墓口长 4.25、宽 2.16 米	《安阳殷墟刘家庄北 1046 号墓》,《考古学集刊》15
小屯居址		罐 3,豆 1,瓿形器 1,壶 1	无	出土于高规格的房址,灰坑 84XTH94 出土一件豆	《殷墟的发现与研究》,科学出版社,1994
殷墟西区 M700		无	硬陶罐 1,残存陶器、骨器、蚌贝器、玉石器若干	4.6×3.1	《1969—1977 年殷墟西区墓葬发掘报告》,《考古学报》,1979.1
殷墟西区 M701		罐 1	硬陶罐 1,残存陶器、车马器、兵器、玉器、蚌贝器等若干	4.6×3.1	
安阳郭家庄东南 M26		无	硬陶瓿 3,各类陶器 13,青铜器共 67,石器,贝共 10	3.55×2.2—2.25	《河南安阳市郭家庄东南 26 号墓》,《考古》,1998.10
武官北地 M229		无	硬陶瓿 2,大铜鼎、小铜鼎、铜斗各 1	不明	《安阳殷墟奴隶祭祀坑的发掘》,《考古》,1977.1
殷墟孝民屯东南商代墓地 M1278		无	硬陶瓿 1,残存陶器 3,贝 4	2.7×1.2	《河南安阳殷墟孝民屯东南地商代墓葬 1989～1990 年的发掘》,《考古》,2009.9
妇好墓		无	硬陶罐 3,铜器 468（除小圆泡）,玉器 755（除残片和有孔小圆片）,石器 63,宝石制品 47,骨器 564,象牙器 2,陶器残片 15,贝数千	5.6×4	《殷墟妇好墓》,科学出版社,1980

（续表）

地　点	时代	原始瓷器	硬陶及其他共出器物	出土单位规模、性质	文　献　来　源
罗山天湖墓地 M8	商代后期	无	印纹硬陶罐1,青铜器有鼎1,觚2,爵2,斝1,卣1,戈1,矛1,陶觑1,陶罐1	墓底2.77×1.5	《罗山天湖商周墓地》,《考古学报》,1986.2
济南大辛庄		器形、数量不明	器形,数量不明	不明	《1984年秋济南大辛庄遗址试掘述要》,《文物》,1995.6
洛阳北窑西周墓 M446	西周早、中期	豆2,簋1,罐残片1	铜戈1,车马器数十件,玉柄形器1,骨器2,蚌器1	双墓道,墓室9.6×8	《洛阳北窑西周墓》,文物出版社,1999
洛阳北窑西周墓 M451		豆2,罍1,罐1	各类车马器及附饰百余件,蚌器34,海贝1	双墓道,墓室8.92×6.92	
洛阳北窑西周墓 M17		罍片1	铜器有戈2,斧1,铲1,各类车马器及附饰三百余件,玉柄形器1,蚌器数十,蛤蜊3	5.4×3.5	
洛阳北窑西周墓 M66		豆2,罍1,簋片1,罐片1	铜戈1,车马器及附饰2,陶鬲1,海贝38	5.75×北3.53,南3.63	
洛阳北窑西周墓 M210		豆1,尊1,盖1	铜器有戈13,矛1,斧1,铲1,车马器及附饰十余,玉柄形器2,玉玦1	6.56×4.78	
洛阳北窑西周墓 M273		罐片1	铜器有戈4,镈1,矛1,车马器6,玉饰1,骨器2,海贝12,蛤蜊1	6.3×4.3	
洛阳北窑西周墓 M442		豆2,尊1	蚌器28	5.3×3.7	
洛阳北窑西周墓 M723		豆1,罍1,盖1	车马器及附饰11,蚌饰1	5.2×3.2	
洛阳北窑西周墓 M1		残豆1	铜器有鼎1,甗1,簋1,盘1,觯1,蚌饰40	3.3×北1.8,南1.76	

（续表）

地点	时代	原始瓷器	硬陶器及其他共出器物	出土单位规模、性质	文献来源
洛阳北窑西周墓 M6	西周早、中期	罍1	铜器有方罍1、壶盖1、匕2、骨器1、蚌器1、海贝1	4.61×3.23	《洛阳北窑西周墓》,文物出版社,1999
洛阳北窑西周墓 M37		尊1、罍3、罐2、簋1、圈足1、残瓶1	王妊簋1、白懋父簋1、罍1等铜器	3.48×2.58	
洛阳北窑西周墓 M43		豆1、罐4	铜泡1、蚌泡1	4.9×3.52	
洛阳北窑西周墓 M50		罍片1、簋1、罐1	铜泡2、漆器痕2、蛤蜊15、蚌饰百余	3.53×3.07	
洛阳北窑西周墓 M54		豆1、罍1、簋1		3.75×2.65	
洛阳北窑西周墓 M67		豆3、罍片1	陶鬲2、陶罐1	3.5×2.15	
洛阳北窑西周墓 M77		残豆1、簋圈足1	车马附件及装饰12、蚌泡7	3.1×2.5	
洛阳北窑西周墓 M198		罍残片1	陶鬲1、玉虎1、玉凤1、玉鸟1、玉饰2、骨管1、蛤蜊1、蚌柱1	4.3×3.1	
洛阳北窑西周墓 M202		豆1、簋1	蛤蜊3	3.92×2.2	
洛阳北窑西周墓 M211		豆1、罐口沿1	玉柄形器1、石器1、蚌泡5、蛤蜊1、海贝2	4.4×3.1	
洛阳北窑西周墓 M214		豆1、簋1	铜簋1、铜戈4、车马附件及装饰数十、骨饰1、蚌饰1	4.57×3.34	

（续表）

地　点	时代	原　始　瓷　器	硬陶器及其他共出器物	出土单位规模,性质	文　献　来　源
洛阳北窑西周墓 M221	西周早、中期	豆盖1,罍片2		3.2×2.8	《洛阳北窑西周墓》,文物出版社,1999
洛阳北窑西周墓 M222		豆片1,罍4,罐片1,簋片1	蚌饰十余	4.9×3.6	
洛阳北窑西周墓 M223		豆2,罍口沿2	铜戈2,铜軎1,铜泡3,陶罐1,陶簋1,陶豆1,蚌泡3,蛤蜊1,海贝12	4.54×3.11	
洛阳北窑西周墓 M228		尊1,罐片1	车马附件及装饰十余,海贝7	4.4×3.3	
洛阳北窑西周墓 M231		罍1	蛤蜊95	4×2.5	
洛阳北窑西周墓 M238		罍残片1	铜戈2,铜斧1,车马附件及装饰数十,骨板1,兽牙形器1	4.02×3.1	
洛阳北窑西周墓 M239		罐片1,簋片1	铜戈2,车马器及装饰数十	4.5×3.4	
洛阳北窑西周墓 M242		罍残片1	陶鬲2,蚌饰3,海贝3	3.5×2.5	
洛阳北窑西周墓 M251		豆2,尊1,罐1	残玉环1	3.9×3.1	
洛阳北窑西周墓 M280		豆2,罍1,尊片1,簋片1	铜泡3,海贝1	4.5×3.4	
洛阳北窑西周墓 M308		豆6,尊1,簋片1	铜戈5,铜铲1,车马器及装饰10,五色石2,骨器2,牙器1,蚌饰数十,蛤蜊1,海贝1	4.8×3.4	

（续表）

地　点	时代	原　始　瓷　器	硬陶器及其他共出器物	出土单位规模、性质	文　献　来　源
洛阳北窑西周墓 M321		豆3	铜戈4,车马器及装饰6	3.95×2.9	
洛阳北窑西周墓 M355		豆7,罍片3,罍2、盖2、簋2、簋残片2	车马器4,蚌泡6,蛤蜊6,海贝17	4×2.5	
洛阳北窑西周墓 M382		豆残片2,罍残片2	陶罐1,陶瓶1,陶簋圈足1	3.6×2.4	
洛阳北窑西周墓 M383	西周早、中期	豆1,罍片1	铜戈5,车马器3	3.9×2.7	《洛阳北窑西周墓》,文物出版社,1999
洛阳北窑西周墓 M408		豆1	车马器7,蚌泡3	4.2×3.7	
洛阳北窑西周墓 M420		罍片1	铜戈1,车马器及装饰数十,玉戈1	3.9×2.54	
洛阳北窑西周墓 M668		豆1,罍片11,罐2、匜1、残片1	车马器及装饰7,蚌饰1	4.9×3.9	
洛阳北窑西周墓 M678		罍1,簋残片1	陶甗1	2.6×2.3	
洛阳北窑西周墓 M40		豆1,罐1、簋残片1	铜戈4,车马器及装饰数十、玉蝉1、胄器19、蚌饰1	6.58×4.76	
洛阳北窑西周墓 M46		豆底座1,罍片1、簋圈足1	蚌泡2,海贝7	6.1×4.2	
洛阳北窑西周墓 M141		罍片1,罐2,罐片2	铜戈14,铜戟1,铜矛1,车马器及装饰数十、蚌泡1,蛤蜊26,海贝20	5.6×北4.3、南4.1	

（续表）

地　点	时代	原　始　瓷　器	硬陶器及其他共出器物	出土单位规模、性质	文　献　来　源
洛阳北窑西周墓 M215		豆9、尊1、残罍1、罐3、盘片1、盖1	铜器有足1、戈1、剑1、镞3、铲2、锥1、斧1、车马器及装饰百余，陶鬲1、玉柄形器3、玉戈2、玉刀1、玉鱼1、蚌饰21、蛤蜊52、海贝24	6.55×4.7	《洛阳北窑西周墓》，文物出版社，1999
洛阳北窑西周墓 M47		豆片1、罍片1	陶瓿1	4.3×2.9	
洛阳北窑西周墓 M230		豆片1、罍片1	铜戈1、车马器及装饰9	4.1×3.1	
洛阳北窑西周墓 M367		罍片1、罐1	车马器1、残陶瓶1、蚌泡7	3.82×2.42	
洛阳北窑西周墓 M441	西周早、中期	豆6、豆片1、罐片1、盒片1	陶罐1、陶小壶1、蚌泡4	4.4×3	
洛阳北窑西周墓 M219		豆2、罐1、簋圈足1	铜戈8、车马器及装饰十余、骨棒1、蚌泡7、蛤蜊33	5.6×3.4	
洛阳北窑西周墓 M241		罍1、簋2	铜戈3、铜镈1、车马器及装饰数十	5.26×3.64	
洛阳北窑西周墓 M250		豆6、罍片3、罐2、簋1、罐2	铜管1、陶鬲2、玉柄形器1、玉饰1、蚌器4、海贝2	5.2×北3.8、南4.1	
洛阳北窑西周墓 M359		罍2	铜方豆1、陶瓿1、蚌饰25	5.6×3.32	
洛阳北窑西周墓 M712		豆7、尊1、罐1、罐片1		5.6×3.5	
洛阳北窑西周墓 M32		豆1、罍片1、罐1、尊1、盒1	铜片1、镀金铜管1、金片3、玉戈1、玉片3、绿松石片17、残漆痕4	3.86×3	

（续表）

地　点	时代	原　始　瓷　器	硬陶器及其他共出器物	出土单位规模、性质	文　献　来　源
洛阳北窑西周墓 M248		豆 4，罐 1	蚌泡 7	4.5×3.1	
洛阳北窑西周墓 M307		豆 6，簋 1	铜戈 7，车马器及装饰 11，蚌泡 104，蛤蜊 3，海贝 1，漆座痕 1	4.93×3.33	
洛阳北窑西周墓 M332		豆 3，碟 1	镝 1，车马器及装饰十余，玉饰 1，蚌泡 1	4.46×3.3	
洛阳北窑西周墓 M354		罍 1，罍片 1，罐片 1	陶鬲足 1，蚌泡 5	3.8×2.4	
洛阳北窑西周墓 M368	西周早、中期	罍片 1，残罐 1	鼎耳 1，羊首尊 1，卣盖 1，爵 1 等铜器，蚌器数十，蛤蜊 1	3.84×北 2.59，南 2.71	《洛阳北窑西周墓》，文物出版社，1999
洛阳北窑西周墓 M371		豆 1，罍片 1	铜泡 2，陶鬲 1，陶罐 1，蚌泡 11	3.8×2.3	
洛阳北窑西周墓 M373		豆 1	铜戈 3，铜戟 1，铜泡 1，陶鬲 1	4.1×3	
洛阳北窑西周墓 M375		豆 2	车马器及装饰 3，陶罐 1，玉饰 9，绿松石珠 1，红玛瑙珠 2，五色石 1，蚌片 1，蛤蜊 24	4.48×2.05	
洛阳北窑西周墓 M386		豆残片 1	陶鬲 3，陶罐 1，蚌饰数十，海贝 2	3.4×2	
洛阳北窑西周墓 M443		豆 1，残豆 3，残簋 2	蚌饰 1	4.9×3.1	
洛阳北窑西周墓 M362		豆 2	陶鬲口沿 1，陶盆鼎 1，陶瓮 1，蚌泡 1	2.93×北 1.62，南 1.53	

（续表）

地　点	时代	原　始　瓷　器	硬陶器及其他共出器物	出土单位规模、性质	文　献　来　源
洛阳北窑西周墓M139		豆5,罍片1,尊2,罐3	铜戈33,铜戟2,车马器及装饰十余,陶豆1,蚌饰数十,蛤蜊22,海贝26	6.08×北4.32,南4.2	
洛阳北窑西周墓M52		罍2,尊1,篡片1	铜戈6,车马器及装饰数十,蚌饰13	4.5×3.3	
洛阳北窑西周墓M224		豆1,罍2,残罍2,尊2	陶两1,玉饰2,蚌泡2	5×3.5	
洛阳北窑西周墓M286	西周早、中期	豆1,残豆2	戈6,矛1,斧1,锛2等铜器2,车马器及装饰13,陶盆1?①,蚌泡2,蛤蜊2	3.9×2.75	《洛阳北窑西周墓》,文物出版社,1999
洛阳北窑西周墓M333		豆1,罍片1	铜戈7,陶两1,蚌泡2,蛤蜊1	4.3×3.2	
洛阳北窑西周墓M395		罍残片4,篡残片2	铜鼎足1,车马器及装饰4,陶罐1,陶两片1	3.6×2.65	
洛阳北窑西周墓M410		豆1	鼎1,两1,篡1,壶1,罍1,觯1等铜器1,玉柄形器1,蚌饰8,漆器痕1	4.16×北2.66,南2.58	
洛阳北窑西周墓M447		豆9,尊1,篡片1	蚌泡31	4.3×2.9	
洛阳林校西周车马坑		罐2,尊1	尊1,铙3,盂1,罍3,四足器座1等铜器,车马器,兵器若干,漆盆1,漆座1,漆盖1	4.4×3.8	《洛阳林校西周车马坑》,《文物》,1999.3
洛阳车站西周墓M6：01		豆2	陶器有壶1,尊1,两5,罐9,篡3,爵2,石饰2,蚌饰数十,骨器1	2.3×0.73~1	《洛阳的两个西周墓》,《考古通讯》,1956.1
河南襄县西周墓		罍1	铜鼎1,铜篡1,铜尊1,提梁卣1,铜爵2,铜觯1,铜铃1,铜锛2,铜罐2,玉钺1,玉刀1,蛤蜊数十	2.94×1.44	《河南省襄县西周墓发掘简报》,《文物》,1977.8

① "?"表示存疑,或许原报告有误,下同。

（续表）

地　点	时代	原始瓷器	硬陶器及其他共出器物	出土单位规模、性质	文　献　来　源
河南鹿邑长子口墓		豆10,尊1,罐1	铜器共235件,其中鼎、簋、瓿、瓶、爵、觚等礼器85,车马器78,兵器46,工具14,其他铜器12,陶器197,各类玉器104	49.5×7,中字形大墓	《鹿邑太清宫长子口墓》,中州古籍出版社,2000
濬县辛村		豆、尊、盖以及残片若干		出土单位不明	《濬县辛村》,科学出版社,1964
平顶山应国墓地 M84		簋1	铜器228件,包括礼器10,兵器1,工具8,车器29,马器169,其他十余,玉器、玛瑙器、绿松石(含料器)1046件,金箔碎片数十片	4×2.65	
平顶山应国墓地 M86	西周早、中期	豆1,残豆2,瓷残片若干,硬陶瓶1,簋形器1	铜器2016件,礼器2,乐器8,兵器6,工具7,车马器56,马器1923,其他14,陶豆1,金箔1,玉器、石器、玛瑙器124	5.6×3.8	《平顶山应国墓地 I》,大象出版社,2012
平顶山应国墓地 M230		豆7,残片若干	铜器309件,礼器11,工具2,车器7,马器212,其他76,玉器、玛瑙器、绿松石器207,石器3,骨器9,牙器2,蚌器166,海贝1238	5.06×3.8	
平顶山应国墓地 M232		豆20,罍2,尊1,罐1,连体豆1,盂1,瓿形器1,硬陶瓶1	铜器299件,礼器4,兵器18,工具2,车器12,马器256,其他7,陶三足瓮1,金箔1,玉器、玛瑙器24	7×4.4,大型甲字形墓	
天马—曲村墓地 M6080		豆1,硬陶瓶1	铜鼎2,铜簋2,车马器数十,陶鬲两2,陶罐1,陶大口尊1	3.15×2.7	《天马—曲村》,科学出版社,2000
晋侯墓地 M13		豆、罐若干	铜鼎5,铜簋4,铜瓿、铜盘、铜盆等、车马器和附饰若干,陶鬲、陶豆、陶尊、陶罐、陶盖若干	尺寸不明,单墓道大墓	《天马—曲村遗址北赵晋侯墓地第二次发掘》,《文物》,1994.1

（续表）

地　点	时代	原　始　瓷　器	硬陶器及其他共出器物	出土单位规模、性质	文　献　来　源
晋侯墓地 M114		豆数件	方鼎2,簋1,提梁卣1,觯1,甗1,盘1,鸟形尊1等铜器,车马器,兵器若干,工具若干,陶罐1,陶尊3,漆器3	5.5×4.3,单墓道大墓	《天马——曲村遗址北赵晋侯墓地第六次发掘》,《文物》,2001.8
晋侯墓地 M113		豆4件	鼎8,簋1,卣2,壶1,爵1,猪尊1,盉1,觯3,爵3,双耳罐2,铜器若干等铜器,琮形器2,车马器若干,陶罐5,盉2,罐9,豆3,小斗1,三足瓮1等陶器,玉器若干,蚌器若干,漆器痕迹若干	4.2×3.2,单墓道	《天马——曲村遗址北赵晋侯墓地第五次发掘》,《文物》,1995.7
晋侯墓地 M33	西周早、中期	豆1	鼎,簋,壶,觯,盂等铜器,兵器,车马器若干,石磬十余件,陶甬1	4.85×5.12,单墓道大墓	
翼城大河口墓地 M1		豆6,尊、罍共5	铜器有鼎24,簋9,鬲7,甬8,爵6,卣4,尊2以及瓻,盘,盂,觚,斝,罍,单耳罐,斗等各1,乐器,工具,车马器若干,陶器有鼎2,豆6,杯2以及簋等各1,漆器有高筒形尊,壶,盂,豆,罍,座屏等,玉器有木俎,瓒,墨,杯,牺尊,座屏等,玉器有	4.25×3.22	《山西翼城县大河口西周墓地》,《考古》,2011.7
长安普渡村西周墓		豆4	铜器有钟3,鼎3,甬2,盘,簋,盉,壶,斗各1,瓻,爵各2,杖饰,节饰各3,足器2,甬6,瓶9,盆1,玉器,石器,蚌器,骨器,海贝若干	4.2×2.25	《长安普渡村西周墓的发掘》,《考古学报》,1957.1
1976—1978年张家坡东南78M1		豆1	铜甗1,铜戈2,车马器186,石器2,贝若干	4.1×2.8	《1976—1978年长安沣西发掘简报》,《考古》,1981.1
1984年大原村M304		不明	铜鼎1,铜壶盖1,铜盉盖1,铜鱼若干,陶罐两、陶盂,陶豆,陶罐共9件,玉器若干,牙器若干	4.06×2.6	《1984年沣西大原村西周墓地发掘简报》,《考古》,1986.11
1984年大原村M315		豆	铜簋1及铜戈1,矛各1,陶甬1,陶罐1,漆器痕1	3.85×2.8	

（续表）

地 点	时代	原 始 瓷 器	硬陶器及其他共出器物	出土单位规模、性质	文 献 来 源
1983—1986年张家坡西周墓地 M18	西周早、中期	豆1	蛤壳1	3.06×1.8	《张家坡西周墓地》，中国大百科全书出版社，1999
1983—1986年张家坡西周墓地 M32		盖1	铜刀、铜泡若干，陶盖1，玉器、骨器、贝、漆器、金箔等若干	4.86×3.62	
1983—1986年张家坡西周墓地 M33		豆2	铜车马器、铜斧、铜碎片若干，金箔，玉饰、漆器若干，陶瓿、陶尊、陶瓷各1和陶盖4	4.46×2.9	
1983—1986年张家坡西周墓地 M51		豆1	铜鼎1，玉饰、料饰、蚌饰、蛤壳、贝若干	3.2×1.6	
1983—1986年张家坡西周墓地 M61		盖1	陶罐、玉饰、蚌饰、贝若干	3.9×2.6	
1983—1986年张家坡西周墓地 M121		豆1	铜车马器若干，陶盘、陶盖各1，玉饰、蚌饰、贝、龟甲若干	4.48×3.48	
1983—1986年张家坡西周墓地 M137		豆1、硬陶尊1	铜泡若干，陶鬲、陶簋、陶罐、陶豆、陶壶各1，玉饰、蚌饰、料饰、贝若干	4.05×2.9	
1983—1986年张家坡西周墓地 M152		豆7	铜鼎2、铜鼎耳1，各类兵器、车马器若干，玉饰、蚌饰、贝、漆器等若干	5.9×4，单墓道大墓	

（续表）

地　点	时代	原始瓷器	硬陶器及其他共出器物	出土单位规模、性质	文献来源
1983—1986年张家坡西周墓地 M157	西周早、中期	豆7	铜车马器、铜兵器若干，玉饰、蚌饰、骨器、龟甲、贝若干	5.5×4.3，中字形大墓	《张家坡西周墓地》，中国大百科全书出版社，1999
1983—1986年张家坡西周墓地 M163		豆3	铜器有牺尊、牺尊盖、尊、爵、卣盖各1和鼎耳5、篮耳2、种2以及各类容器残片、鼎足若干，兵器、车马器若干，玉饰、骨器、蚌饰、贝若干	5.65×3.9	
1983—1986年张家坡西周墓地 M170		豆2	铜器有方彝1、斗3和盉盖、鼎足、匕、车马器、兵器等若干，陶鬲、玉饰、蚌饰、骨器、角器、贝、金器等若干	8.76×5.6，甲字形大墓	
1983—1986年张家坡西周墓地 M180		豆1	玉饰、蚌饰、贝若干	2.98×1.44	
1983—1986年张家坡西周墓地 M197		豆1	铜觯1，陶罐1，陶瓿2，陶尊1，陶盖1，玉饰、蚌饰、贝若干	4.15×2.6	
1983—1986年张家坡西周墓地 M200		盖1	铜残片、铜车马器若干，陶簋、陶罐、陶豆、陶鼎，陶盖各1，玉饰、蚌饰、贝、料饰、角器、骨器若干	3.85×2.55	
1983—1986年张家坡西周墓地 M263		残豆1	蛤蜊、贝若干	3.6×2.4	
1983—1986年张家坡西周墓地 M315		豆、盖各1	铜戈、铜矛各1，陶豆、陶鬲、陶盨各1	4×3	

（续表）

地　点	时代	原　始　瓷　器	硬陶器及其他共出器物	出土单位规模、性质	文　献　来　源
岐山贺家村M6	西周早、中期	豆1	铜簋1,铜鬲1,陶鬲2,陶簋1,陶豆1	3.1×1.95	《陕西岐山贺家村西周墓葬》,《考古》,1976.1;《陕西岐山贺家村西周墓发掘报告》,《文物资料丛刊》8,文物出版社,1983
2003年庄李村M9		豆2	铜器有鼎3及鬲、甗、尊、卣、盂、罍、刀各1及爵,簋各2,陶豆1,陶甀1,陶罐1,陶拍1,漆器14,蛤蜊若干,绿松石、玛瑙珠串饰各1	3.44×2.2-2.4	《陕西周原遗址发现西周墓葬与铸铜遗址》,《考古》,2004.1
纸坊头一号墓		罐1	铜鼎4、簋5、鬲3、甀2、甗、尊、卣、觯、罍、刀各1,漆器13件三足罐,1件平底罐,绿松石、玛瑙若干	长宽不清	《宝鸡强国墓地》,文物出版社,1988
茹家庄一号墓乙室		豆2、罐1	铜鼎8、簋5、铜鬲5、甀2、尊1、爵1、觯1、铜盉2、铜斗2、铜勺2、车马器钟3、大铜铃2,工具、装饰品等若干,陶罐9,漆器、料器、石器等若干	整墓为8.48×5.2,甲字形大墓	《宝鸡强国墓地》,文物出版社,1988
宝鸡阳平镇高庙村GM1		豆2	铜方饰1、铜泡1、蚌饰、玉饰、贝等若干	4.75×3.7	《宝鸡县阳平镇高庙村西周墓群》,《考古与文物》,1996.3
灵台白草坡墓地M2		豆1、罐1	铜鼎、铜簋、铜卣各2及铜瓿、铜尊、铜觯、铜盂各1,兵器、车马器、玉器、蚌器、铜爵、漆器若干,海贝百余	3.35×2	《甘肃灵台白草坡西周墓》,《考古学报》,1977.2
琉璃河墓地F15M2		豆2	陶鬲、陶簋若干,玉器、漆器	3.05×1.52-1.74	《琉璃河西周燕国墓地》,文物出版社,1995;《1995年琉璃河遗址墓葬区发掘简报》,《文物》,1996.6
琉璃河墓地Ⅰ M52		豆3、罍1	铜鬲1、铜尊1、铜爵2、铜觯1,兵器、工具若干,陶罐11,磨石1,贝1	4.3×2.2	《琉璃河西周燕国墓地》,文物出版社,1995;《1995年琉璃河遗址墓葬区发掘简报》,《文物》,1996.6
琉璃河墓地Ⅱ M207(被破坏)		残豆1	玉器1	3.6×1.7	

（续表）

地　点	时代	原　始　瓷　器	硬陶器及其他共出器物	出土单位规模、性质	文　献　来　源
刘台子墓地 M3	西周早、中期	豆 2	铜鼎 1，铜簋 1，铜戈 1，陶网坠、蚌饰、玉饰、骨器若干	4.3×2.55~2.9	《山东济阳刘台子西周早期墓发掘简报》，《文物》，1981.9；
刘台子墓地 M4		盖 1	蚌饰 5，贝 1，陶罐 1	4.25×2.4	《山东济阳刘台子西周墓地第二次发掘》，《文物》，1985.12；
刘台子墓地 M6		罍 1	铜器有圆鼎 3，方鼎 3，簋 5，盉 1，觚 1，爵 2，觯 2，尊 1，盉 1，盘 2，铃 2，陶器有两 2，罐 2，串饰 442，玉器 916，蚌饰 498，骨器、木器、石器等若干	6.04×4.3	《山东济阳刘台子西周六号墓清理报告》，《文物》，1996.12
山东滕县庄里西村		罍 1	铜鼎 1，铜簋 2，铜两 2，铜壶 1，玉器 14	4.4×2.9	《山东滕县发现滕侯铜器墓》，《考古》，1984.4
前掌大墓地 BM3		豆 10，尊 2，罐 1	铜车马器及附饰数十，陶器有两 1，罐 3，罍 3，瓿 1，盘 1，玉器数十，蚌器 2	8×3.3~3.4，单道大墓	《滕州前掌大墓地》，文物出版社，2005
前掌大墓地 BM4		豆 3，尊 2	铜车马器及附饰十余，陶器有盉 1，异形器 1，网坠 1，圆陶片 2，算 1，玉器、骨器、蚌器、漆器数百	9.18×5.54~5.95，双墓道大墓	
前掌大墓地 M13		豆 1	铜器有鼎、瓿、爵、觯、尊各 1，陶器有两、簋、壶、瓶、瓷、瓮、盖各 1 及罍 4，玉饰、骨器、蚌饰、牙饰、海贝若干	2.67×0.95~1.25	
前掌大墓地 M109		原始瓷盆形尊 1	印纹硬陶罍、尊形器各 1，铜泡 1，陶两、陶簋各 1，玉器 6	5.05×3.05	
前掌大墓地 M119		原始瓷豆 2	硬陶罍 2，尊 1，铜器有箍木壶 1，圆鼎 1，方鼎 1，觚 2，尊 1，盉 1，角 4，觯 1，簋 1，铃 2，斗 1，镞 2，戈 1，陶器有罐 1，瓶 1，壶 1，拍 1，玉饰、骨饰、海贝、漆器若干	3.38×2.27	

（续表）

地　点	时代	原　始　瓷　器	硬陶器及其他共出器物	出土单位规模、性质	文　献　来　源
前掌大墓地 M30	西周早、中期	豆1	铜器有爵1,觚1,觯1,罍器有簋1,罐1,罍2,尊1,瓿1,盖1,玉饰,蚌饰,海贝,牙器若干	3.1×1.58	《滕州前掌大墓地》,文物出版社,2005
前掌大墓地 M203		原始瓷瓿形器1	硬陶罐2,硬陶瓿1,铜器有铃1,陶瓷若干,陶两3,盔3,瓶1,铸1,矛1,泡1,各类骨器,蚌器,牙器等若干	5.2×4,单墓道大墓	
1976年岐山凤雏村宗庙组建筑基址		豆、罐若干	铜泡、铜镞若干,陶两,陶罐若干,玉石器,蚌器若干,卜骨和卜甲共计一万七千余片	房基南北长45.2米,东西宽32.5米,共计1469平米	《陕西岐山凤雏村西周建筑基址发掘简报》,《文物》,1979.10
扶风召陈西周建筑基址上层建筑	西周晚期	罍、簋若干	各类陶器若干	规模巨大,已发掘的13处房基分布在甲、乙两区	《扶风召陈西周建筑基址发掘简报》,《文物》,1981.3
黄堆老堡子 92FHM25		豆8,罍2,簋形器1	铜残片有簋、尊、鼎、壶、爵、高等,车马器及附饰若干,陶两1,陶灯1,玉器62,蚌饰若干	6.9~7.1×4.7	《扶风黄堆老堡三座西周残墓清理简报》,《考古与文物》,1994.3;《1995年扶风黄堆老堡子西周墓清理简报》,《文物》,2005.4
黄堆老堡子 95FHM32		罍残片	车马器及附饰若干,漆皮,蚌片,玉器等若干	5.06×3.34	
黄堆老堡子 95FHM55		豆	铜器有盘、鼎、簋、盂等,玉器,石器,贝若干	4.2×2.88~3.48	
晋侯墓地 M63		原始瓷器、数量、器形不明	铜器有鼎3,簋2以及爵、觯、方彝、盘、盉、鼎等方盒各1,玉、石、玛瑙器若干,陶两数量不明	6.4×4.95~5.03,双墓道中字形大墓	《天马——曲村遗址北赵晋侯墓地第四次发掘》,《文物》,1994.8
张家坡墓地 M304		豆2	铜器有鼎1,壶、盖、盉2、豆2、盂1,玉饰,牙饰、蚌饰、环若干,陶器有两2,罐1,料泡若干	4.5×3	《张家坡西周墓地》,中国大百科全书出版社,1999
张家坡墓地 M307		豆1	铜泡若干,陶两1,陶盂1,玉饰,蚌饰若干	3.8×2.7	
张家坡墓地 M176		豆1	铜镞,方形器若干,玉饰,角器,蚌饰,蛤壳,贝若干	4.68×3	

（续表）

地　点	时代	原始瓷器	硬陶器及其他共出器物	出土单位规模、性质	文　献　来　源
张家坡墓地 M165	西周晚期	无	硬陶罐 2，铜杯，车马器及附饰，兵器若干，陶鬲 1，玉饰，骨器，龟甲，蚌饰，贝若干，漆豆 4，漆案 2，漆器 2?，车軎 2	5.05×3.8	《张家坡西周墓地》，中国大百科全书出版社，1999
张家坡墓地 M129		尊	车马器，环，泡若干，陶鬲 1，玉饰，牙器，骨器，蚌饰，贝，龟甲，漆器若干	4.9×3.5	
洛阳北窑 M118		残片 2	残铜匕 1，车马器数十，玉片 1，骨器 1	5.88×4.05	《洛阳北窑西周墓》，文物出版社，1999
洛阳北窑 M62		豆口沿 2	陶鬲 2，玉玦 1，文蛤 12	4.2×2.3	
洛阳北窑 M323		残片 2	铜銮铃 1，玉饰 6，骨器 6，蚌泡 3	3.9×2.55	
洛阳北窑 M403		尊 1，簋 1	陶鬲 1，陶簋 1	3.8×2.8	
洛阳北窑 M658		罐残片 1	车马器及装饰 5，铅俑 2，海贝 3	4.5×3.4	
洛阳北窑 M413		豆 1	铜簋盖 1，铜铃 1，铜小圆管 2，玉戈 1	6.2×4.6	
洛阳北窑 M400		残片 1	残铜戈 1，陶鬲 1	4.65×2.65	

附表二　南方地区商—西周时期原始瓷器、印纹硬陶统计表

长度单位：米

地　点	时　代	原始瓷器①	硬陶器及其他共出器物	出土单位规模、性质	文　献　来　源
			江　苏		
高邮周邶墩	西周—春秋	原始瓷豆、碗	若干印纹硬陶	—	《高邮市周邶墩新石器时代和青铜时代遗址》，《中国考古学年鉴》（1994），文物出版社，1997

① 该栏目中，若原始报告未给出具体数量，就仅列出器类。

（续表）

地　点	时　代	原始瓷器	硬陶器及其他共出器物	出土单位规模、性质	文　献　来　源
镇江市马迹山	商代晚期—西周初期	豆2、碗5、钵1	—	灰坑或地层出土	《镇江市马迹山遗址的发掘》,《文物》,1983.11
高淳县顾陇、永宁	西周后期—春秋晚期	豆、碗	陶器有鼎、釜、纺轮,印纹硬陶器有坛、瓿	土墩底径20—25米,高2—3.5米	《江苏高淳县顾陇、永宁土墩墓发掘简报》(6),文物出版社,1982
江浦蒋城子	西周后期—战国初期	豆、碗等	硬陶所占比例较低,有瓿、罍、盉等	—	《江苏江浦蒋城子遗址》,《东南文化》,1990.1,2
江浦转田村	西周中期—春秋	少量原始瓷器	有相当数量的印纹硬陶	—	《江浦县转田村周代遗址》,《中国考古学年鉴》(1991),文物出版社,1992
溧水县柘塘蔡家山 M1	西周	豆1、碗1	陶鼎1	残墓	《江苏溧水县柘塘蔡家山西周墓清理简报》(6),文物出版社,1982
乌山岗沿山 M3	西周	碗1	印纹硬陶器有坛1、瓮1、陶罐1、瓿1、盉1、瓶1	—	
溧水宽广墩	西周晚期—东周早期	罐7、碗1	铜匜1,印纹硬陶坛4	土墩底径10米,高约4米	《江苏溧水乌山宽广墩墓出土器物》,《文物》,1985.12
溧水乌山	西周前期	豆1	铜器4件,包括方鼎1、提梁卣1、盘1、戈1,陶器有坛,陶鼎2、尊1、盉1	—	《江苏溧水乌山西周一号墓清理简报》(2),文物出版社,1978
溧水乌山 4 号墩	西周前期	豆5、碗2	陶器有鼎、罐、钵等十余件,印纹硬陶器有坛、罐,碗等5件	土墩底径约9米	《江苏溧水、丹阳西周墓发掘简报》,《考古》,1985.8
句容浮山果园	西周中期	共124件,包括罐、豆、盏、盘、盖等	各类陶器、印纹硬陶器两百余件	土墩24×23×2.5米	《江苏句容山浮山果园土墩墓》,《考古》,1979,2
句容浮山果园	西周中期	六座墓葬出土原始瓷豆、盘、盏、盖,每墓出土2—5件	各类陶器和印纹硬陶器共数十件,陶纺轮、铜戈各1	土墩20×15×3米	《江苏句容县浮山果园西周墓》,《考古》,1977.5

（续表）

地 点	时 代	原 始 瓷 器	硬陶器及其他共出器物	出土单位规模、性质	文 献 来 源
句容浮山果园	西周中期—春秋末期	豆、碗、钵、罐	各类陶器，印纹硬陶器共数百件	5座土墩所占面积分别为42平方米、37平方米、38平方米、85平方米	《江苏句容浮山果园土墩墓第二次发掘报告》，《文物资料丛刊》(6)，文物出版社，1982
句容白鳞台	西周早期	数量极少，器形有豆	硬陶器数量较少，器形有罐等	—	《江苏句容白鳞台遗址试掘》，《考古与文物》，1985.3
句容城头山	商代中晚期，西周	多为豆把类残片	—	—	《江苏句容城头山遗址试掘简报》，《考古》，1985.4
丹徒断山墩	西周—春战之际	占比例约1%，有豆、碗、盂、瓿等	硬陶所占比例约3%，有罐、坛、瓿等	—	《丹徒断山墩遗址发掘纪要》，《东南文化》，1990.5
丹徒母子墩	西周早期偏晚或中期偏早	罐3 豆6	铜容器共9件，包括鼎、簋、尊、卣、壶等器类，铜兵器百余件，有矛、叉、镞等，车马器数百件，印纹硬陶坛1和罐2	土墩现存底径30余米，高出地表约5米	《江苏丹徒大港母子墩西周铜器墓发掘简报》，《文物》，1984.5
丹徒烟墩山	西周	豆2 盂1	两坑共出铜鼎4，铜车马器，兵器，饰品若干，石砑磨器1	—	《江苏丹徒烟墩山西周墓及附葬坑出土的小器物补充材料》，《文物参考资料》，1956.1
丹徒烟墩山 M2	西周早期	豆16 坛3	陶器有鬲8、豆3、钵1，瓿1，甑2，罐1，骨笄1	残存底径约20米，地表高不到2米	《江苏丹徒大港土墩墓发掘报告》，《文物》，1987.5
丹徒镇四脚墩6号墩1号墓	西周晚期	豆	印纹硬陶罐，陶豆，玉饰件等	土墩底径30米，高7米	《镇江市四脚墩土墩墓》(1992)，《中国考古学年鉴》，1994
丹徒镇四脚墩 M4	西周晚期	豆3	印纹硬陶器有坛2，瓶1，陶鬲两1，绿松石珠1	直径17米，高3.25米	《丹徒镇四脚墩西周土墩墓发掘报告》，《东南文化》，1989.4,5

（续表）

地 点	时 代	原 始 瓷 器	硬陶器及其他共出器物	出土单位规模、性质	文 献 来 源
丹徒镇四脚墩 M6	西周晚期偏早	豆 2	陶尊 1,陶甬 1,玉璧 1	直径 27 米,高 3.7 米	《丹徒镇四脚墩西周土墩墓发掘报告》,《东南文化》,1989.4,5
丹徒赵家窑团山	西周—春秋早期	所占比例较低,主要有豆	硬陶器数量较多,器形有罐、瓿、罍、尊、豆、钵等	—	《江苏丹徒赵家窑团山遗址》,《东南文化》,1989.1
丹徒石家墩	西周中晚期	罐 3,豆 15	无	土坑墓,2.5×0.9×0.95 米	《江苏丹徒县石家墩西周墓》,《考古》,1984.8
丹徒横山傻儿墩墓	两周之际	罐 5,小罐 1,豆 11,碗 14,盏 4,盂 9	印纹硬陶罐 1,陶罐 2,陶纺轮 2,石磬 1	土墩底径 25.8—30.5 米,高 3.3 米	《江苏丹阳横山、华山土墩墓发掘报告》,《文物》,2000.9
华山大邑斗土墩墓	西周后期偏早阶段	豆 5,碗 15,罐 3,尊 1,盏 2,盂 1	铜剑 1,铜箭 1	土墩底径约 32.5 米,高 4.2 米	《江苏丹阳横山、华山土墩墓发掘报告》,《文物》,2000.9
华山小邑斗土墩墓	西周前期偏晚阶段	豆 15,罐 2,盏 1	印纹硬陶罐有罐 5,瓶 1,陶罐 1	底径约 22 米,高约 3.5 米	《江苏丹阳墩头山遗址调查与试掘》,《考古》,1993.8
丹阳墩头山	西周后期—春秋前期	豆 1,碗 2,盅 2	—	—	《江苏丹阳墩头山遗址调查与试掘》,《考古》,1993.8
丹阳大仙墩	西周前期	豆 33	印纹硬陶坛 2	土墩底径 30 米,高 5.6 米	《江苏丹阳大仙墩西周墓发掘简报》,《考古》,1985.8
丹阳市三城巷	西周晚期—春秋早期	占 0.13% 的比例,器形有豆	硬陶比例占 6.98%,器形有罐、尊、瓶等	—	《丹阳市三城巷遗址发掘报告》,《东南文化》,1994 增刊
丹阳市沈家山	西周晚期—春秋中晚期	数量较少,主要为碗、豆	印纹硬陶器主要为坛、罐、瓶	—	《丹阳市沈家山遗址》,《东南文化》,1994 增刊
丹阳市贺家山	西周晚期—春秋中期	数量极少,器形有豆、碗、盂	印纹硬陶数量较原始瓷器更多,器形有瓮、瓶等	—	《丹阳市贺家山遗址发掘报告》,《东南文化》,1994 增刊

（续表）

地　点	时　代	原　始　瓷　器	硬陶器及其他共出器物	出土单位规模、性质	文　献　来　源
丹阳市泰山溢洪河一号墩	西周早期	豆13,罐2,盂1	印纹硬陶坛3,陶罐2	底径32米,高3.5米	《丹阳市泰山溢洪河一、二号土墩墓》,《东南文化》,1994年增刊
二号墩	西周晚期—春秋早期	碗6,盂1	印纹硬陶坛2	底径18米,高2.15米	
丹阳市河阳	西周晚期—春秋早期	罐3,碟3	青铜泡3	现存尺寸60×40×12米	《丹阳市河阳大夫墩发掘报告》,《东南文化》,1994年增刊
丹阳凤凰山	西周后期—春秋早期	钵1,残片若干	硬陶片若干	—	《丹阳凤凰山遗址第二次发掘》,《东南文化》,2002.3
丹阳凤凰山	西周前期—春秋后期	出土若干,器形有豆等	出土印纹硬陶若干	—	《江苏丹阳凤凰山遗址发掘报告》,《东南文化》,1990.1,2
丹阳青墩山	西周晚期	罐、豆、残片等	印纹硬陶罐3,陶盘1	—	《丹阳青墩山西周墓》,《东南文化》,1991.3,4
宜兴南山等	西周晚期—春秋早期	原始瓷器28件,有豆、碗、罐、盂、盖等	印纹硬陶器13件,有坛、罐、瓿等,陶器6	大小不一	《江苏宜兴石室墓试掘简报》,《考古与文物》,1983.4
金坛鳌墩	西周中晚期	原始瓷器有罐2,小盂6,小盂1,带盖碗1,碗19	陶器有釜1,鼎2,盘3,印纹陶器有坛17,罐21,蚌壳5,青铜块230块	现存9×15×2米	《江苏金坛鳌墩西周墓》,《考古》,1978.3
吴县南部	商周	豆座、器盖等	—	—	《江苏吴县南部地区古遗址调查简报》,《考古》,1990.10
武进、宜兴	西周中晚期—春秋早中期	豆、碗、盂、盖共34件	印纹硬陶器有坛、罐、瓶、簋、盂、豆等共35件	封土底径8.5—15米不等	《江苏武进、宜兴石室墓》,《文物》,1983.11

（续表）

地　点	时　代	原　始瓷　器	硬陶器及其他共出器物	出土单位规模/性质	文　献　来　源
武进淹城龙墩	西周中晚期—春秋早期	罐5、豆23、碗8、盂8、盏8、盏7、盖1，筒形器2，鼎1	硬陶器有罐3、瓶3、瓿3、盏8、盏6	—	《江苏武进淹城龙墩墓葬发掘简报》，《东南文化》，2005.3
苏州上方山	西周中期	共22件，包括罐、豆、簋、壶、盂、器盖等	印纹硬陶陶器3，陶器3	42×28×7.15米	《江苏苏州上方山六号墩的发掘》，《考古》，1987.6
无锡华利利湾	待定	豆、尊	印纹硬陶陶器有瓿、罐、盂、瓶等	墓室2.2×1.94米	《无锡华利湾古墓清理简报》，《文物》，1956.12
吴县张陵山	西周中期	罐2、豆3	印纹硬陶陶器有瓶1、罐3	—	《江苏吴县张陵山东山遗址》，《文物》，1986.10
吴县澄湖	西周—战国	盂、小钵等	硬陶陶器有鼎、鸭形壶、瓿、尊、钵等多种	—	《江苏吴县澄湖古井群的发掘》，《文物资料丛刊》（9），文物出版社，1985
吴县张墓村	西周—春秋	豆柄2	—	—	《江苏吴县越溪张墓村遗址调查》，《考古》，1989.2
江阴佘城	商中期	—	硬陶器有罐、豆、钵、器盖等	—	《江阴佘城遗址试掘简报》，《东南文化》，2001.9
江阴花山	商中期	罐、钵	硬陶器有豆、钵、器盖	—	《江阴花山夏商文化遗址》，《东南文化》，2001.9
常熟市虞山 D1	西周晚期—春秋早期	碗、罐、盂、豆、尊、簋等共89件	陶鼎，陶盆，陶纺轮等4件	52×50×20米	
常熟市虞山 D2	西周晚期—春秋早期	豆2	陶鼎1，印纹硬陶器有瓿1，罐1	被破坏	《江苏常熟市虞山西岭石室土墩的发掘》，《考古》，2001.9
常熟市虞山 D3	西周晚期—春秋早期	豆、盂	印纹硬陶陶器有罐、瓿、盂、钵、鼎	21×18×6.5米	

（续表）

地　点	时　代	原　始　瓷　器	硬陶器及其他共出器物	出土单位规模、性质	文　献　来　源
			江西省		
樟树吴城	商代	数量较多,多见于折肩的瓷、罐、尊等	数量较多,见于各种器类,多见于折肩的瓷、罐、尊等	—	《吴城1973—2002年考古发掘报告》,科学出版社,2005
樟树彭家山	西周早中期	数量较少	硬陶数量较多,有罐等	—	《江西樟树彭家山西周遗址发掘简报》,《南方文物》,1999.3
新干牛头城	商中期	数量较少,有钵等	硬陶较多,有瓿、钵、器盖等	—	《江西省新干县牛头城遗址调查与试掘》,《东南文化》,1989.1
新干大洋洲	商代	折肩罐、高领罐、瓿、大口尊、筒形器、器盖等	青铜器475件,包括各类礼乐器、工具、兵器、杂器等;玉器总计754件,有礼器、仪器、装饰品和饰件;陶瓷器共139件,硬陶和原始瓷占20%;硬陶器有瓮、罐、瓿、大口尊、器盖等;另有骨镶、朱砂等	椁室长8.22米,宽3.6米	《江西新干大洋洲商墓发掘简报》,《文物》,1991.10;《新干商代大墓》,文物出版社,1997
清江筑卫城	商代	原始瓷片	—	—	《江西清江筑卫城遗址第二次发掘》,《考古》,1982.2
清江县	商—东周	少量原始瓷	印纹硬陶较多	—	《清江县商周遗址调查纪要》,《南方文物》,1986.1
清江樊城堆	西周—春秋初期	少量原始瓷	硬陶器若干	—	《清江樊城堆遗址发掘简报》,《考古与文物》,1989.2
鹰潭角山	商代	原始瓷较多	硬陶较多	—	《鹰潭市发现商代窑址》,《南方文物》,1984.1
鹰潭角山	商代	罐、钵、三足盘等	硬陶器数量、类型较多,包括鼎、壶、尊、豆、罐、三足盘等各类	—	《鹰潭角山商代窑址试掘简报》,《江西历史文物》,1987.2;《鹰潭角山发现大型商代窑址:中国原始青瓷烧造年代向前推进千余年》,《南方文物》,2001.1

（续表）

地 点	时 代	原 始 瓷 器	硬陶器及其他共出器物	出土单位规模、性质	文 献 来 源
广丰社头山头	商周	器形有豆、壶等	硬陶器有罐、壶	—	《江西广丰社头山头遗址发掘》,《东南文化》,1993.4
广丰蛇头山	商周	少量原始瓷片	少量印纹硬陶	—	《广丰县蛇头山遗址》,《中国考古学年鉴》(1984),文物出版社,1984
上饶南岩等	西周—战国	出土少量原始瓷器,有瓷、罐等	硬陶器占较大比例,有罐、瓮等	—	《江西上饶县古文化遗址调查》,《东南文化》,1991.6
靖安寨下山	西周	豆1,罐1	罐、盂等	—	《江西靖安寨下山遗址调查简报》,《南方文物》,1992.1
九江神墩	商代末期—春秋早期	原始瓷比例较低	硬陶比例较低	—	《九江神墩遗址发掘简报》,《江西历史文物》,1987.2
九江龙王岭	商代	数量极少	硬陶数量较多,有杯、尊、瓿形器等	—	《九江县龙王岭遗址试掘》,《东南文化》,1991.6
瑞昌檀树咀	商代	杯1	硬陶器数量不明	—	《江西瑞昌市檀树咀商周遗址发掘简报》,《考古》,2000.12
瑞昌檀树嘴	商代晚期	杯1	硬陶器有瓿形器、直口尊、罐、钵、杯等	—	《江西瑞昌檀树嘴遗址试掘》,《南方文物》,1994.4
九江马回岭	商代、西周、东周	若干原始瓷片,器形有豆	硬陶数量较多,有罐等	—	《江西九江县马回岭遗址调查》,《东南文化》,1991.6
九江沙河街	西周晚期—战国早期	豆、盘、杯等,器形较多	硬陶残片较多,器形有豆等	—	《江西九江县沙河街遗址发掘简报》,《考古学集刊》(2),中国社会科学出版社,1982
余江马岗、红龙岗	商—春秋	数量较少	各类硬陶器较多	—	《江西余江县三处古文化遗址调查简报》,《东南文化》,1989.1

（续表）

地　点	时　代	原　始　瓷　器	硬陶器及其他共出器物	出土单位规模、性质	文　献　来　源
抚州市西郊	商代晚期	折肩罐	硬陶有折肩罐、筒形罐、折腹罐、深腹盆、带把钵、盂、器盖、三足盘等	—	《江西抚州市西郊商代遗址调查》,《考古》,1990.2
万年斋山、肖家山	商中期	数量较少	印纹硬陶器较多,有鼎、盂、鬲、甗形器等	—	《江西万年类型商文化遗址调查》,《东南文化》,1989.4.5
进贤县	商周	数量较少	数量较多,类型丰富	—	《江西省进贤县古文化遗址调查简报》,《东南文化》,1988.3.4
上饶马鞍山	西周晚期—春秋初期	瓮、罍、坛、豆、盂、钵、碟等共39件	铜盘1,硬陶器有罐1盂1	长16米,宽9米	《上饶县马鞍山西周墓》,《东南文化》,1989.4.5
德兴	商	罐1	印纹硬陶长流盉	—	《江西德兴出土的商代器物》,《南方文物》,1997.3
湖口下石钟山	商代末期—西周	原始瓷84片,另有瓷罐、瓷牛	硬陶片数百片	—	《江西湖口下石钟山发现商周时代遗址》,《考古》,1987.12
玉山双明地区洪家山	商周	直口弧腹钵、盂	硬陶器有凹底罐、瓮等	—	《玉山双明地区考古调查与试掘》,《南方文物》,1994.3
归塘坞	商周	数量较少,有豆、盂、钵等	硬陶罐、硬陶钵	—	
德安陈家墩	商代—西周	多为罐	硬陶器有钵、甗形器、豆等	—	《江西德安县陈家墩遗址发掘简报》,《南方文物》,1995.2；《陈家墩遗址第二次发掘简报》,《南方文物》,2000.3
德安石灰山	商中期	数量极少,器形有钵、罐等	硬陶为罐	—	《江西德安石灰山商代遗址发掘简报》,《南方文物》,1998.4
德安石灰山	商中期		数量极少,器形有罐等	—	《江西德安石灰山商代遗址试掘》,《东南文化》,1989.4.5

（续表）

地 点	时 代	原 始 瓷 器	硬陶器及其他共出器物	出土单位规模、性质	文 献 来 源
都昌小张家	商代中晚期	主要为罐，另有杯、盂、盆等	硬陶器有瓿形器、鼎、釜、鬲、罐、盆、钵、杯、盂、瓮、坛等	—	《江西都昌小张家商代遗址发掘简报》，《南方文物》，1999.3
萍乡禁山下	西周	罐、盆等	—	—	《江西萍乡市禁山下遗址的发掘》，《考古》，2000.12
萍乡三田古城、黄塘遗址、大宝山遗址	商周	原始瓷片若干	硬陶器较多	—	《江西萍乡商周遗址调查》，《南方文物》，2005.1
万载县	商代	原始瓷器较少	硬陶器所占比例较大	—	《万载县发现商代遗址》，《江西历史文物》，1985.2；《万载县商周遗址的调查》，《江西历史文物》，1986.2
浮梁燕窝山	商周	数量较少	硬陶器数量若干	—	《浮梁县东流燕窝山商周遗址》，《中国考古学年鉴》（2005），文物出版社，2006
新余陈家	商周	原始瓷片11片	泥制硬硬陶为主，占68.2%	—	《江西新余陈家遗址发掘报告》，《南方文物》，2003.2
宜丰县太平岗	商周之际	—	印纹硬陶片数量较多	—	《宜丰县太平岗遗址的调查》，《江西历史文物》，1982.2
奉新河北山	商代	少量原始瓷	硬陶器有鼎足3 罐口沿2 罐3 残片若干	—	《江西奉新四处古文化遗址调查》，《南方文物》，1995.2
浙 江					
江山小红岗	西周中晚期	豆、盂、碟等	硬陶罐1	—	《浙江江山小红岗土墩遗存试掘简报》，《南方文物》，1993.4

（续表）

地　点	时　代	原始瓷器	硬陶器及其他共出器物	出土单位规模、性质	文　献　来　源
德清	西周晚期—战国	碗、罐、盘、钵、盂、盖等，数量较多	—	—	《浙江德清原始青瓷窑址调查》，《考古》，1989.9
德清皇坟堆	西周—春秋	甬形器 8、罐 3、尊 7、簋 1、鼎 3、卣 1、碟 4	—	—	《浙江德清出土的原始青瓷器——兼谈原始青瓷生产和使用中的若干问题》，《文物》，1982.4
德清独仓山、南王山	西周中期—西周晚期	共 183 件，包括原始瓷豆、碗、盘、盂、碟	印纹硬陶共 60 件，包括瓮、坛、罐、瓿、瓴等，少量素面硬陶和泥质陶制陶器	土墩最大的尺寸为 22×15×1.9 米，最小的底径 8.7—10 米，高 1.9 米	《浙江德清县独仓山土墩墓》，《考古》，2001.10；《独仓山与南王山——土墩墓发掘报告》，科学出版社，2007
德清火烧山	西周晚期—春秋初期	器形以碗和盂为主	少见印纹硬陶片	—	《德清火烧山——原始瓷窑址发掘报告》，文物出版社，2008
长兴石狮	西周早期—春秋中期	豆 11、碗 44、罐 6、盂 3、碟 3、盘 1、器盖 3	印纹硬陶器有瓶 13、罐 14、瓮 2、坛 6，素面硬陶器有盂 3、小碗 3、船形壶 1、陶鼎 1、陶纺轮 3、铜片 1	大小不一	《浙江长兴县石狮土墩墓发掘简报》，《浙江省文物考古研究所所学刊：建所十周年纪念（1980—1990）》，科学出版社，1993
长兴便山	西周中晚期—春秋中晚期	共 294 件，占出土物的半数，有豆、碗、盂、罐、盘、器盖等	印纹硬陶共 128 件，占 21.5%，有罍、瓶、坛、罐、钵、簋等	大小不一	《浙江长兴县便山土墩墓发掘报告》，《浙江省文物考古研究所所学刊：建所十周年纪念（1980—1990）》，科学出版社，1993
萧山长山	西周—春秋	出土原始瓷器	出土印纹硬陶	最大的石室长 7.5 米，宽 1.56—1.7 米	《萧山市长山商周土墩墓》，《中国考古学年鉴》（2001），文物出版社，2002

（续表）

地　点	时　代	原始瓷器	硬陶器及其他共出器物	出土单位规模、性质	文献来源
余姚老虎山	西周—春秋	共52件，有豆、碗、盂、罐、尊、盆和器盖	印纹硬陶器有罐7，瓶1，硬陶豆1，砺石1，小玉玦1，陶器若干	土墩长45米，宽23米，最高处3米	《余姚老虎山一号墩发掘》，《沪杭甬高速公路考古报告》，文物出版社，2002
义乌平畴	西周晚期	盂1，盘7，豆4，碗24，器盖1	陶器有罐2，小罐1，盂2，豆2，纺轮2，砺石1	长6.6米，残宽2.37米	《浙江义乌县平畴西周墓——兼论原始青瓷器的制作工艺》，《考古》，1985.7
宁波钱盂	西周	碗、豆、盂	印纹硬陶以瓮、罐为多	—	《宁波钱盂商周遗址试掘简报》，《东南文化》，2003.3
衢州西山	西周早期	筒形罐1，小罐1，豆2，盂8，盘1	陶罐4，玉玦22，骨管14，泥珠65	10.4×6.5米	《浙江衢州西山西周土墩墓》，《考古》，1984.7
衢州市	西周	尊9，罐13，簋2，盂22，豆19，壶2，碟4，碗1	—	—	《浙江衢州市发现原始青瓷》，《考古》，1984.2
茶叶山	商代早期—西周	残片2		—	
乌柱山	商代早期—西周	罐1，残片4		—	
黄甲山	商代早期—西周	残片较多，也有完整器，器形有罐、豆、尊、碗、盘、壶等	—	—	《浙江衢州市衢江北区古遗址调查简报》，《考古》，1987.1
瑞安凤凰山	西周晚期—春秋早中期	黑釉：豆2，盂1，鼎1，小罐1；青釉：豆1，盂1，小罐1，碗1	硬陶器有鼎3，盂1，豆1，碗1，陶器有罐1，尊1	—	《浙江瑞安凤凰山周墓清理简报》，《考古》，1987.8

（续表）

地　点	时　代	原　始　瓷　器	硬陶器及其他共出器物	出土单位规模、性质	文　献　来　源
金衢盆地	商代晚期—战国时期	商晚期有豆、西周早期有尊、筒形罐、盂、罐、豆等、西周中期有尊、盂、盉、罐、豆等、西周晚期有盂、盘、豆、鼎、罐、碗等	—	—	《金衢盆地商周原始瓷遗存》(1985),《中国考古学年鉴》,文物出版社,1985
平阳、苍南	西周晚期	数量较多,有罐、壶、豆、盂等	印纹硬陶数量较多,器类丰富	—	《平阳、苍南古文化遗址调查简报》,《东南文化》,1991.1
台州黄岩	西周中晚期	49件,有豆、罐、簋等	青铜器22件,有尊、短剑、戈、矛、牌饰、柄形器等,玉饰5件	底径约12米	《黄岩小人尖西周时期土墩墓》,《浙江省文物考古研究所学刊:建所十周年纪念(1980—1990)》,科学出版社,1993
瑞安岱石山	西周—春秋	较为常见	硬陶器和印纹硬陶器较为常见	—	《瑞安市岱石山西周至春秋石棚遗迹》,《中国考古学年鉴》(1994),文物出版社,1997
上虞牛头山 D1M1,M2,M6	西周晚期	盂、碗、罐等	无	残毁,不明	《上虞牛头山古墓发掘》,《沪杭甬高速公路考古报告》,文物出版社,2002
上虞驿亭	西周	豆20、盂5	硬陶盂1	土墩南北24.6米,东西14.1米	《浙江上虞驿亭凤凰山西周土墩墓》,《南方文物》,2005.4
上虞凤凰山	西周—战国末期	西周时期3座墓葬出土2豆1盂	印纹陶罐2	例如M199长2.26米,宽1.28米	《浙江上虞凤凰山古墓葬发掘报告》,《浙江省文物考古研究所学刊:建所十周年纪念(1980—1990)》,科学出版社,1993

（续表）

地　点	时　代	原　始　瓷　器	硬陶器及其他共出器物	出土单位规模、性质	文　献　来　源
慈溪掌起缸 M11	西周中晚期	罐 4、豆 3、盂 1	印纹硬陶罐 2	长 2.3 米，宽 0.75 米	《浙江慈溪掌起缸窑山墓地发掘报告》，《东南文化》，2005.2
慈溪市彭东、东安	西周前期—战国初期	数量较多，包括豆、碗、盘、盆、盂、罐等	印纹硬陶有瓿、坛、罐、瓶，另有少量普通陶器	大小不一	《慈溪市彭东、东安的土室墓》，《浙江省文物考古研究所学刊：建所十周年纪念（1980—1990）》，科学出版社，1993
海宁夹山	商周之际—春秋中晚期	数量多，所占比例高，器形有豆、碗、盂等	硬陶器数量多，所占比例高，主要有瓿、罐等	最大者直径 40 米，高 5 米；小的直径 8 米，高 0.6 米	《海宁县夹山商周土墩石室结构遗存》，《中国考古学年鉴》（1985），文物出版社，1985
湖州杨家埠	西周早期—春秋中期	残存豆、碗两类	硬陶器有瓿、盂和垂腹罐	大小不一	《浙江省湖州市杨家埠古墓发掘报告》，《浙江省文物考古研究所学刊》（第 7 辑），杭州出版社，2005
壶瓶山	商代、西周	豆、碗	硬陶器有钵、壶	—	《浙江绍兴的几处古文化遗址》，《南方文物》，1994.4
后白洋	西周晚期—春秋初期	碗、豆	若干印纹硬陶	—	
绍兴县	西周晚期—战国中晚期	豆、碗、碟、洗、盘、杯、盅、甑等	—	—	《绍兴出土越国原始青瓷的初步研究》，《考古与文物》，1996.6
玉环三合潭	两周时期	大量的原始瓷器，所占比例较高	印纹硬陶数量较多	—	《玉环县三合潭两周时期遗址》，《中国考古学年鉴》（2002），文物出版社，2003
东阳六石	西周中晚期	共 13 件，包括盉、豆、盘	陶渔网坠五百余枚	—	《浙江东阳六石西周土墩墓》，《考古》，1986.9

（续表）

地　点	时　代	原　始　瓷　器	硬陶器及其他共出器物	出土单位规模、性质	文　献　来　源
			福建省		
闽侯县石山	商—西周早期	数量较少，有豆	数量较多，所占比例较高	—	《闽侯昙石山遗址第八次发掘报告》，科学出版社，2004
白主段	商代晚期—西周周初年	—	五座墓葬共出硬陶 18 件，包括折尊、高领罐、圜底釜、瓿钵、豆、杯等	—	
马岭	商代	—	两墓出土硬陶器共 20 件，包括高领罐、带把罐、单錾壶等，陶器 25 件	M1 长 4.2—5.4 米，中宽 2.8 米	
香炉山	商代晚期—西周初年	—	三墓共出硬陶 18 件，包括圆肩尊、长腹腹罐、高领罐、单錾罐等，陶器 1 件	M1 长 2.7 米，宽 0.8 米	《福建省光泽县古遗址古墓葬的调查和清理》，1985.12
浔江	商末周初	圈足碗 1，鼎足 1	硬陶多见，有高领罐、折腹罐，大口尊等	—	
杨山	西周—东周	两墓原始瓷器共 9 件，均为敞口碗类，另采集有豆、碗、罐、瓶、尊	两墓硬陶器有盖罐 1，单錾罐 1，筒形罐 5，瓿 1，单耳钵 1，碗 1	M2 石圹长 2 米，宽 1 米	《福建建阳山林仔西周遗址调查》，1994.5
建阳山林仔	西周中晚期	豆、盘、壶等	硬陶器有罐、尊、豆等	—	
建阳山林仔	M1 为西周晚期或春秋早期，M2 为西周早中期	两墓出有尊 2、瓶 1，墓外零星出土罐 2、盂 1、碗 2、豆 2、碗 2、尊、豆等共 14 件	两墓共出陶器 7 件，有罐 5、瓶形器 1、杯 1	—	《福建建阳市山林仔遗址的发掘》，《考古》，2002.3
云肖墓林山	西周晚期—春秋初期	数量很少，有豆、罐、尊等	硬陶数量很少，主要有豆、罐等	—	《福建墓林山遗址发掘简报》，《东南文化》，1993.3

（续表）

地　点	时　代	原始瓷器	硬陶器及其他共出器物	出土单位规模、性质	文献来源
建瓯黄窠山	西周	塞茅出土罐1、簋1、豆4	硬陶器有罐	—	《福建建瓯黄窠山遗址发掘报告》,《福建文博》,1995.1
建瓯县后门山、黄塅山、黄科山	商周	豆、尊、钵等	数量、器类较多	—	《福建建瓯县古文化遗址调查》,《江西历史》,1990.1
南平	商代晚期—西周早期	数量较少	硬陶器较多,器类丰富	—	《福建南平商周遗址调查简报》,《东南文化》,1989.4,5
浦城县、政和县、武夷山市等	商周	部分遗址见有原始瓷器	部分遗址见有印纹硬陶器	—	《南平市闽越遗存调查》,《福建文博》,2004.1
浦城县管九村	夏商、西周、春秋	豆、罐、尊、瓮、簋、盂、碟等共67件	33座土墩共出印纹陶器146件,有罐、簋、豆、尊、盅等,铜器有尊、盘、杯、短剑、矛、戈、锛、刮刀、匕首、镞等55件,玉管等佩饰7件,石器7件	大小不一	《福建浦城县管九村土墩墓群》,《考古》,2007.7
浦城越王山	两周	豆、碗等	—	—	《福建浦城三处古遗址调查简报》,《考古》,1993.2
平和县	西周	16件,有尊、罐、钵、豆等	陶纺轮、石锛、石凿、石戈、石饰品等几种	推测长约2米,宽约1.2米	《福建平和县发现一座西周墓》,《东南文化》,1991.1
武夷山梅溪岗	商周之际	见有零星原始瓷片	印纹硬陶约占三分之二,器类较多	—	《武夷山梅溪岗遗址发掘简报》,《福建文博》,98增刊
武夷山市葫芦山	商—西周	少量原始瓷器,以浅盘豆为主	印纹硬陶比例最高	—	《武夷山市葫芦山古遗址》,《中国考古学年鉴》(1992),文物出版社,1994
武夷山市	两周时期	豆、罐、尊等,数量较多	印纹硬陶器数量较多	—	《武夷山市西郊村商周遗址》,《中国考古学年鉴》(1991),文物出版社,1992

（续表）

地　点	时　代	原始瓷器	硬陶器及其他共出器物	出土单位规模、性质	文献来源
南靖鸟仑尾	商代中期、商代晚期	占有一定比例，有豆、壶等	占有一定比例	—	《南靖县鸟仑尾商周时期遗址》，《中国考古学年鉴》（2004），文物出版社，2005
南靖狗头山	商代末—西周时期	所占比例较高	出土有一定数量	—	《福建南靖狗头山遗址发掘》，《福建文博》，2003.1
福清东张	西周晚期	罐、钵、豆等	—	—	《福建福清东张新石器时代遗址发掘报告》，《考古》，1965.2
霞浦黄瓜山	商代	极少	硬陶数量较多，约占三分之一	—	《福建霞浦黄瓜山遗址发掘报告》，《福建文博》，1994.1
广　东					
大埔县	商代	出土、采集共72件原始瓷器，有尊、壶、豆、钵、罐等	出土、采集陶器71件，其中可能有硬陶，石器共137件，有戈、矛、镞、锛、凿、刀等，玉器14件	以M1为例，长2.2米，宽1.25米	《广东大埔县古墓葬清理简报》，《文物》，1991.11
饶平县	商代	大口尊、小尊、壶等	主要为各类陶器和石器	21座墓葬中最大者M1，其二层台长4.2米，宽2.9米	《广东饶平县古墓发掘简报》，《文物资料丛刊》（8），文物出版社，1983
揭西赤岭埔	商周	瓮、罐、瓿、盘、碗、杯、纺轮等	各类印纹硬陶	—	《广东揭西县先秦遗存的调查》，《考古》，1999.7；《揭西县赤岭考古》，《揭阳调查报告》，科学出版社，2005
揭阳市地都蜈蚣山	商代	少量原始瓷	若干硬陶	—	《揭阳地都蜈蚣山遗址与油柑山墓葬的发掘》，《考古》，1988.5
油柑山	商代	大口尊等	陶器共27件，部分为硬陶，玉玦1，石器7	共8座墓葬，M1长1.55米，宽1米	

（续表）

地 点	时 代	原 始 瓷 器	硬陶器及其他共出器物	出土单位规模、性质	文 献 来 源
揭阳市	商周	数量、类型较多	硬陶器若干	—	《广东揭阳先秦遗存考古调查》,《南方文物》,1998.1
揭阳赤岭口等	两周	碗3、盅1	—	—	《揭阳市古遗址调查报告》,《揭阳考古》(2003—2005),科学出版社,2005
揭东面头岭地层		—	硬陶瓿2		
揭东面头岭 M14		9件原始瓷围绕1件米字纹陶瓮齐放置	铅镞7,铜器有镞13、戈1、篾刀1、盘2、矛2	墓口残长1.4米,南北宽2.1米	《揭东县面头岭墓地发掘报告》,《揭阳考古》(2003—2005),科学出版社,2005
揭东面头岭 M17	商代晚期偏早—西汉	碗1	陶釜1	墓口长2.36米,宽0.92—0.98米	
揭东面头岭 M20		豆1	陶碗,陶釜,陶纺轮各1	墓口长2.06米,宽0.7—0.76米	
揭东面头岭 M11		盅14	铜衔环耳1,铜盘1	—	
揭东面头岭 M15		碗2、盒2、器盖1	陶瓿1,铜剑1,铜矛1	—	
揭东面头岭 M28		杯2	陶罐1,铜钺1	—	
揭东面头岭 M27		—	硬陶有流带把壶1,硬陶钵1,硬陶罐5	—	
博罗横岭山	商周之际—春秋	共112件,其中完整89件,碎器22件。复原20件。器类包括豆、盘、钵	各种器类若干件	—	《博罗横岭山——商周时期墓地2000年发掘报告》,科学出版社,2005

（续表）

地　点	时　代	原　始　瓷　器	硬陶器及其他共出器物	出土单位规模、性质	文　献　来　源
博罗银岗	西周—春秋	原始瓷器若干	硬陶器若干	—	《广东博罗银岗遗址发掘简报》,《文物》,1998.7;《广东博罗银岗遗址第二次发掘》,《文物》,2000.6
普宁牛伯公山	商代中晚期—西周前期	尊4,豆4	—	—	《广东普宁市牛伯公山遗址的发掘》,《考古》,1998.7
南陵千峰山	西周中期—西周末期	豆16	印纹硬陶器有坛2,罐11,瓿2,陶器有鬲、瓿、盂等13件,铜环1	高1.8—3.8米,底径最大的16号墩尺寸为24×15米,最小的17号墩底径为12米	《安徽南陵千峰山土墩墓》,《考古》,1989.3
南陵江木冲、半边冲、冷水冲、乔村、刘冢井、炉塘冲、冲口	周代	碗、盂、豆等及各类碎片若干	硬陶瓮、坛、罐等及各类残片若干	—	《安徽南陵县古铜矿采冶遗址调查与试掘》,《考古》,2002.2
铜陵木鱼山、万迎山	两周时期	豆4、碗、盅、盏等及残片若干	硬陶罐、瓿等及残片若干	—	《安徽铜陵市古代铜矿遗址调查》,《考古》,1993.6
宁国官山	西周中期偏晚—西周晚期	豆4、钵3、盅1,盘1、盂6,器盖1、碗13	—	—	《安徽宁国市官山西周遗址的发掘》,《考古》,2000.11
宁国罗溪村	西周—春秋	出土若干	不明	—	《宁国县罗溪村官山旧石器时代及周代遗址》,《中国考古学年鉴》(1994),文物出版社,1997

安徽

（续表）

地　点	时　代	原　始　瓷　器	硬陶器及其他共出器物	出土单位规模、性质	文　献　来　源
繁昌瓜墩	西周中期偏早—西周晚期	原始瓷片若干	—	—	《繁昌县瓜墩周代遗址》，《中国考古学年鉴》（2005），文物出版社，2006
广德荷花村	西周中晚期—春秋晚期	数量较多，有碗、豆、盂、盏、尊等	印纹硬陶数量较多，有罐、坛、瓮、瓶等	小者底径18米，大者底径30米	《广德县荷花村两周时期土墩墓群》，《中国考古学年鉴》（2003），文物出版社，2004
郎溪欧墩	西周—春秋	豆2、碗4、瓷片1	—	—	《安徽郎溪欧墩遗址调查报告》，《考古》，1989.3
马鞍山烟墩山	西周	出土若干	不明	—	《马鞍山市烟墩山新石器时代至两周代遗址》，《中国考古学年鉴》（2004），2005
六安堰墩	西周	数量较少，仅豆一种	印纹硬陶数量较少，主要为瓷	—	《安徽六安市西周堰墩遗址发掘简报》，《考古》，2002.2
肥东县古城	商周时期	出土原始瓷豆		—	《肥东县古城吴大墩新石器时代至商周遗址》（1986），文物出版社，1988
含山大城墩	商—两周之际	豆、盏	硬陶器和原始瓷器早期较少，到两周之际明显增多，硬陶器有尊等	—	《安徽含山大城墩遗址发掘报告》，《考古学集刊》（6），中国社会科学出版社，1989
巢湖庙集大城墩	西周早中期	原始瓷豆	少量印纹硬陶	—	《巢湖市庙集乡大城墩商周遗址》，《中国考古学年鉴》（1987），文物出版社，1988
枞阳汤家墩	商代晚期	残片30余片，器形有豆、碗、盂、盏、盂等	印纹硬陶出土600余片，包括罐、瓷等	—	《安徽枞阳汤家墩遗址发掘简报》，《中原文物》，2004.4

（续表）

地　点	时　代	原始瓷器	硬陶器及其他共出器物	出土单位规模、性质	文献来源
随州叶家山	西周早期	器类有尊、罍、瓿、罐、豆等	各类铜器,陶器,漆木器,玉石器和骨器	以M2为例,墓口东西长4.6米,南北宽3.1米	《湖北随州叶家山西周墓地发掘简报》,《文物》,2011.11
随州叶家山	西周早期	豆1、带盖豆1、三系罐1、瓿1	各类铜器117件(组),玉器27件(组),陶两1,漆木器8件,骨器2件(组)	墓口长5.02米,宽3.5—3.62米	《湖北随州叶家山M65发掘简报》,《江汉考古》,2011.3
随州叶家山	西周早期	罐1,尊1,瓿1,豆1	各类铜器606件,玉器32件,陶器3件,漆木器15件	墓口长7.4米,宽5.7—6米	《湖北随州叶家山M28发掘报告》,《江汉考古》,2013.4
黄陂鲁台山M36	西周早期	豆2	陶器有两、簋、缸、豆,铜器有鼎1,爵2,觯1,尊1,马首饰1,铃6,玉器数件	口长4米,宽2.5米	《湖北黄陂鲁台山两周墓葬》,《江汉考古》,1982.2
黄陂盘龙城	商前期	墓葬和居址均有出土,器形有各类尊、瓿、罐等	硬陶器有尊、瓷、罐等器形,墓葬和居址均有发现	—	《盘龙城1963—1994年考古发掘报告》,文物出版社,2001
黄州下窑嘴	商代前期	雷纹原始瓷片1	铜器有两1、瓟1,爵1,斝1,斧1,凿1,刀1,陶器有两1,锛6,镂1,圈足2,漆末陶饼1,石佩饰1	长2.6米,宽1.35米	《湖北省黄州市下窑嘴商墓发掘简报》,《文物》,1993.6
江陵荆南寺	二里头—商代前期	少量原始瓷器	少量硬陶器	—	《湖北江陵荆南寺遗址第一、二次发掘简报》,《考古》,1989.8;《荆州荆南寺》,文物出版社,2009
岳阳对门山、费家河	商代晚期	残片十余片	硬陶残片数十片,硬陶盘12,硬陶瓿17,硬陶两足1	—	《岳阳县对门山商代遗址发掘报告》,《湖南考古辑刊》,1994;《湖南岳阳费家河商代遗址和窑址的探掘》,《考古》,1985.1

（湖北：随州叶家山、黄陂鲁台山、黄陂盘龙城、黄州下窑嘴；湖南：江陵荆南寺、岳阳对门山、费家河）

（续表）

地　点	时　代	原　始　瓷　器	硬陶器及其他共出器物	出土单位规模、性质	文　献　来　源
岳阳温家山	商代晚期	数量极少	硬陶器有瓿、器盖、罐等		《湖南岳阳温家山商时期坑状遗迹发掘简报》,《江汉考古》,2005.1
高砂脊	商末周初	—	硬陶器有釜、罐、瓮等	AM1 现存开口长 3.3 米,宽 1.6 米	《湖南望城县高砂脊商周遗址的发掘》,《考古》,2001.4
上　海					
马桥	商代中晚期—西周早期	碗、钵、杯、盘、罐、盂、盆、角形器等	—	—	《上海马桥遗址第一、二次发掘》,《考古学报》,1978.1
马桥	夏商之际—商代前期	器形有罐、豆等	出土部分硬陶器	—	《马桥 1993—1997 年发掘报告》,上海书画出版社,2002
金山查山	东周	器形有碗等	硬陶器形主要为罐	—	《上海市金山县查山和亭林遗址试掘》,《南方文物》,1997.3
亭林	西周	以豆为主	硬陶器有罐、瓿等	—	《上海市金山县查山和亭林遗址试掘》,《南方文物》,1997.3
香　港					
大屿山	西周末年—春秋	原始瓷器若干	硬陶器有罐、筒形器等	—	《香港大屿山白芒遗址发掘简报》,《考古》,1997.6

参 考 文 献

发掘报告、简报

安徽省文化局文物工作队：《安徽屯溪西周墓葬发掘报告》，《考古学报》1959 年第 4 期。

安徽省文物考古研究所：《安徽南陵千峰山土墩墓》，《考古》1989 年第 3 期。

安阳亦工亦农文物考古短训班等：《安阳殷墟奴隶祭祀坑的发掘》，《考古》1977 年第 1 期。

宝鸡市考古工作队、宝鸡县博物馆：《宝鸡县阳平镇高庙村西周墓群》，《考古与文物》1996 年
    第 3 期。

北京大学考古文博院、山西省考古研究所：《天马——曲村遗址北赵晋侯墓地第六次发掘》，
    《文物》2001 年第 8 期。

北京大学考古学系、山西省考古研究所：《天马——曲村遗址北赵晋侯墓地第二次发掘》，《文
    物》1994 年第 1 期。

北京大学考古学系、山西省考古研究所：《天马——曲村遗址北赵晋侯墓地第四次发掘》，《文
    物》1994 年第 8 期。

北京大学考古学系、山西省考古研究所：《天马——曲村遗址北赵晋侯墓地第五次发掘》，《文
    物》1995 年第 7 期。

北京大学考古学系商周组、山西省考古研究所：《天马—曲村》，科学出版社，2000 年。

北京市文物研究所：《琉璃河西周燕国墓地》，文物出版社，1995 年。

北京市文物研究所、北京大学考古学系：《1995 年琉璃河遗址墓葬区发掘简报》，《文物》1996
    年第 6 期。

德州地区文化局文物组、济阳县图书馆：《山东济阳刘台子西周墓地第二次发掘》，《文物》
    1985 年第 12 期。

福建博物院：《福建光泽池湖商周遗址及墓葬》，《东南考古研究》第三辑，厦门大学出版社，
    2003 年。

福建省博物馆：《福建闽侯黄土仑遗址发掘简报》，《文物》1984 年第 4 期。

福建省博物馆：《福建闽侯庄边山遗址发掘报告》，《考古学报》1988 年第 2 期。

福建省博物馆等：《福建省光泽县古遗址古墓葬的调查和清理》，《考古》1985 年第 12 期。

福建省文物管理委员会：《闽侯庄边山新石器时代遗址试掘简报》，《考古》1961 年第 1 期。

甘肃省博物馆文物队：《甘肃灵台白草坡西周墓》，《考古学报》1977 年第 2 期。

郭宝钧：《濬县辛村》，科学出版社，1964 年。

郭胜斌、罗仁林：《岳阳县对门山商代遗址发掘报告》，《湖南考古辑刊》6，岳麓书社，1994。

杭州市文物考古研究所、萧山博物馆：《萧山柴岭山土墩墓》，文物出版社，2013 年。

河北省博物馆台西发掘小组等：《河北藁城县台西村商代遗址 1973 年的重要发现》，《文物》
　　1974 年第 8 期。

河北省文物管理处：《磁县下七垣遗址发掘报告》，《考古学报》1979 年第 2 期。

河南省博物馆：《河南省襄县西周墓发掘简报》，《文物》1977 年第 8 期。

河南省文化局文物工作队第二队：《洛阳的两个西周墓》，《考古通讯》1956 年第 1 期。

河南省文物考古研究所：《郑州商城 1953—1985 年考古发掘报告》，文物出版社，2001 年。

河南省文物考古研究所、平顶山市文物管理局：《平顶山应国墓地Ⅰ》，大象出版社，2012 年。

河南省文物考古研究所、周口市文化局：《鹿邑太清宫长子口墓》，中州古籍出版社，2000 年。

河南省文物考古研究所等：《1995 年郑州小双桥遗址的发掘》，《华夏考古》1996 年第 3 期。

河南省文物研究所：《郑州小双桥遗址的调查与试掘》，《郑州商城考古新发现与研究》，中州
　　古籍出版社，1993 年。

湖南省博物馆、岳阳地区文物工作队、岳阳市文管所：《湖南岳阳费家河商代遗址和窑址的探
　　掘》，《考古》1985 年第 1 期。

江西省文物工作队、鹰潭市博物馆：《鹰潭角山商代窑址试掘简报》，《江西历史文物》1987 年
　　第 2 期。

江西省文物工作队等：《江西万年类型商文化遗址调查》，《东南文化》1989 年第 4、5 期。

江西省文物管理委员会：《一九六二年江西万年新石器遗址墓葬的调查与试掘》，《考古》1963
　　年第 12 期。

江西省文物管理委员会：《一九六一年江西万年遗址的调查和墓葬清理》，《考古》1962 年第
　　4 期。

江西省文物考古研究所、樟树市博物馆：《吴城 1973—2002 年考古发掘报告》，科学出版社，
　　2005 年。

金华地区文管会：《浙江衢州西山西周土墩墓》，《考古》1984 年第 7 期。

刘荷英：《河南鹤壁市发现原始瓷青釉豆》，《考古》1994 年第 8 期。

刘建国、吴大林：《江苏溧水宽广墩墓出土器物》，《文物》1985 年第 12 期。

卢连成、胡智生：《宝鸡𢐗国墓地》，文物出版社，1988 年。

罗红侠：《扶风黄堆老堡三座西周残墓清理简报》，《考古与文物》1994 年第 3 期。

罗西章：《陕西扶风杨家堡西周墓清理简报》，《考古与文物》1980 年第 2 期。

洛阳市文物工作队：《洛阳北窑西周墓》，文物出版社，1999 年。

洛阳市文物工作队：《洛阳林校西周车马坑》，《文物》1999 年第 3 期。

牟永抗、毛兆廷：《江山县南区古遗址、墓葬调查试掘》，《浙江省文物考古所学刊（1981）》，文
　　物出版社，1981 年。

南京博物院：《江苏句容浮山果园土墩墓第二次发掘报告》，《文物资料丛刊》6，文物出版社，
　　1982 年。

南京博物院：《江苏句容县浮山果园西周墓》，《考古》1977 年第 5 期。

南京博物院、丹徒县文管会：《江苏丹徒磨盘墩周墓发掘简报》，《考古》1985 年第 11 期。

衢州市文物管理委员会：《浙江衢州市发现原始青瓷》，《考古》1984 年第 2 期。

山东大学历史文化学院考古系等：《济南大辛庄遗址 139 号商代墓葬》，《考古》2010 年第

10 期。

山东大学历史系考古专业等：《1984 年秋济南大辛庄遗址试掘述要》，《文物》1995 年第 6 期。

山东省文物考古研究所：《山东济阳刘台子西周六号墓清理报告》，《文物》1996 年第 12 期。

山西省考古研究所、运城市文物工作站、绛县文化局：《山西绛县横水西周墓地》，《考古》2006
　　　年第 7 期。

山西省考古研究所、运城市文物工作站、绛县文化局：《山西绛县横水西周墓发掘简报》，《文
　　　物》2006 年第 8 期。

山西省考古研究所大河口墓地联合考古队：《山西翼城县大河口西周墓地》，《考古》2011 年第
　　　7 期。

陕西省博物馆：《陕西岐山贺家村西周墓葬》，《考古》1976 年第 1 期。

陕西省考古研究所等：《陕西耀县北村遗址发掘简报》，《考古与文物》1988 年第 2 期。

陕西省文物管理委员会：《长安普渡村西周墓的发掘》，《考古学报》1957 年第 1 期。

陕西周原考古队：《扶风召陈西周建筑群基址发掘简报》，《文物》1981 年第 3 期。

陕西周原考古队：《陕西岐山凤雏村西周建筑基址发掘简报》，《文物》1979 年第 10 期。

陕西周原考古队：《陕西岐山贺家村西周墓发掘报告》，《文物资料丛刊》8，文物出版社，
　　　1983 年。

唐云明：《邢台曹演庄遗址发掘报告》，《考古学报》1958 年第 4 期。

唐云明：《邢台尹郭村商代遗址及战国墓葬试掘简报》，《文物》1960 年第 4 期。

滕县博物馆：《山东滕县发现滕侯铜器墓》，《考古》1984 年第 4 期。

徐广德：《河南安阳市郭家庄东南 26 号墓》，《考古》1998 年第 10 期。

杨鸠霞：《安徽省繁昌县平铺土墩墓》，《考古》1990 年第 2 期。

殷涤非：《安徽屯溪周墓第二次发掘》，《考古》1990 年第 3 期。

张忠培：《华县、渭南古代遗址调查与试掘》，《考古学报》1980 年第 3 期。

浙江省文物考古研究所：《慈溪市彭东、东安的土墩墓与土墩石室墓》，《浙江省文物考古研究
　　　所学刊：建所十周年纪念(1980—1990)》，科学出版社，1993 年。

浙江省文物考古研究所：《沪杭甬高速公路考古报告》，文物出版社，2002 年。

浙江省文物考古研究所：《浙江长兴县便山土墩墓发掘报告》，《浙江省文物考古研究所学刊：
　　　建所十周年纪念(1980—1990)》，科学出版社，1993 年。

浙江省文物考古研究所：《浙江长兴县石狮土墩墓发掘简报》，《浙江省文物考古研究所学刊：
　　　建所十周年纪念(1980—1990)》，科学出版社，1993 年。

浙江省文物考古研究所、德清县博物馆：《德清亭子桥——战国原始瓷窑址发掘报告》，文物出
　　　版社，2011 年。

浙江省文物考古研究所、德清县博物馆：《独仓山与南王山——土墩墓发掘报告》，科学出版
　　　社，2007 年。

浙江省文物考古研究所、故宫博物院、德清县博物馆：《德清火烧山——原始瓷窑址发掘报
　　　告》，文物出版社，2008 年。

浙江省文物考古研究所、湖州市博物馆、德清县博物馆：《浙江东苕溪中游商代原始瓷窑址
　　　群》，《考古》2011 年第 7 期。

浙江省文物考古研究所等：《黄岩小人尖西周时期土墩墓》，《浙江省文物考古研究所学刊：建

所十周年纪念(1980—1990)》,科学出版社,1993 年。

浙江省文物考古研究所等:《浙江上虞凤凰山古墓葬发掘报告》,《浙江省文物考古研究所学刊:建所十周年纪念(1980—1990)》,科学出版社,1993 年。

镇江博物馆、丹徒县文管会:《江苏丹徒大港母子墩西周铜器墓发掘简报》,《文物》1984 年第5 期。

镇江市博物馆:《江苏丹徒县石家墩西周墓》,《考古》1984 年第 8 期。

镇江市博物馆:《江苏溧水、丹阳西周墓发掘简报》,《考古》1985 年第 8 期。

镇江市博物馆、金坛县文化馆:《江苏金坛鳖墩西周墓》,《考古》1978 年第 3 期。

镇江市博物馆、溧水县文化馆:《江苏溧水乌山西周二号墓清理简报》,《文物资料丛刊》2,文物出版社,1978 年。

镇江市博物馆浮山果园古墓发掘组:《江苏句容浮山果园土墩墓》,《考古》1979 年第 2 期。

中国科学院考古研究所:《沣西发掘报告》,文物出版社,1962 年。

中国社会科学院考古研究所:《安阳郭家庄商代墓葬》,中国大百科全书出版社,1998 年。

中国社会科学院考古研究所:《滕州前掌大墓地》,文物出版社,2005 年。

中国社会科学院考古研究所:《殷虚妇好墓》,科学出版社,1980 年。

中国社会科学院考古研究所:《张家坡西周墓地》,中国大百科全书出版社,1999 年。

中国社会科学院考古研究所安阳工作队:《1998—1999 年安阳洹北商城花园庄东地发掘报告》,《考古学集刊》15,文物出版社,2004 年。

中国社会科学院考古研究所安阳工作队:《安阳殷墟刘家庄北 1046 号墓》,《考古学集刊》15,文物出版社,2004 年。

中国社会科学院考古研究所安阳工作队:《河南安阳市殷墟孝民屯东南地商代墓葬 1989~1990 年的发掘》,《考古》2009 年第 9 期。

中国社会科学院考古研究所丰镐工作队:《1997 年沣西发掘报告》,《考古学报》2000 年第2 期。

中国社会科学院考古研究所沣西发掘队:《1976—1978 年长安沣西发掘简报》,《考古》1981 年第 1 期。

中国社会科学院考古研究所沣西发掘队:《1984 年沣西大原村西周墓地发掘简报》,《考古》1986 年第 11 期。

中国社会科学院考古研究所山东工作队:《滕州前掌大商代墓葬》,《考古学报》1992 年第3 期。

周原博物馆:《1995 年扶风黄堆老堡子西周墓清理简报》,《文物》2005 年第 4 期。

周原考古队:《陕西周原遗址发现西周墓葬与铸铜遗址》,《考古》2004 年第 1 期。

论文及专著

安金槐:《对于我国瓷器起源问题的初步探讨》,《考古》1978 年第 3 期。

安金槐:《对于我国原始瓷器起源问题的探讨》,《中国古陶瓷研究现状及展望》,《中国陶瓷工业》杂志社、中国古陶瓷研究会,1994 年。

安金槐:《谈谈郑州商代瓷器的几个问题》,《文物》1960 年第 8、9 期合刊。

安金槐:《谈谈郑州商代的几何印纹硬陶》,《考古》1960 年第 8 期。

陈铁梅、Rapp G.Jr.、荆志淳:《商周时期原始瓷的中子活化分析及相关问题讨论》,《考古》2003
　　年第 7 期。

陈铁梅、Rapp G.Jr.、荆志淳、何驽:《中子活化分析对商时期原始瓷产地的研究》,《考古》1997
　　年第 7 期。

陈旭:《商代隞都探寻》,《郑州大学学报》1991 年第 5 期。

陈旭:《郑州小双桥商代遗址的年代和性质》,《中原文物》1995 年第 1 期。

冯先铭:《我国陶瓷发展中的几个问题——从中国出土文物展览陶瓷展品谈起》,《文物》1973
　　年第 7 期。

郭仁:《关于青瓷与白瓷的起源》,《文物》1959 年第 6 期。

金志斌:《部分商周遗址出土原始瓷及印纹硬陶的 ICP－AES 研究》,北京大学硕士论文,
　　2009 年。

黎海超:《黄河流域商时期印纹硬陶和原始瓷器研究》,《考古与文物》2014 年第 3 期。

黎海超:《器的流通与礼的传播——商代印纹硬陶和原始瓷器刍论》,《陶瓷考古通讯》2015 年
　　第 1 期。

李伯谦:《我国南方几何形印纹陶遗存的分区、分期及其有关问题》,《北京大学学报》(哲学社
　　会科学版)1981 年第 1 期。

李济:《民国十八年秋季发掘殷虚之经过及其重要发现》,《安阳发掘报告》第二期,中研院历
　　史语言研究所,1930 年。

李科友、彭适凡:《略论江西吴城商代原始瓷器》,《文物》1975 年第 7 期。

梁中合:《山东地区商周时期原始瓷器的发现与研究》,《东南文化》2003 年第 7 期。

刘建国:《论土墩墓分期》,《东南文化》1989 年第 4—5 期。

刘毅:《商周印纹硬陶与原始瓷器研究》,《华夏考古》2003 年第 3 期。

罗宏杰、李家治、高力明:《北方出土原始瓷烧造地区的研究》,《硅酸盐学报》1996 年第 3 期。

钱益汇:《浅谈山东发现的商周原始瓷器》,《中国文物报》2001 年 10 月 26 日第 007 版。

日本山口县立荻美术馆·浦上纪念馆:《瓷器的诞生—原始瓷》,2000 年。

孙新民、孙锦:《河南地区出土原始瓷的初步研究》,《东方博物》2008 年第 4 期。

唐际根:《中商文化研究》,《考古学报》1999 年第 4 期。

王昌燧、朱剑、朱铁权:《原始瓷产地研究之启示》,《中国文物报》2006 年 1 月 6 日第 007 版。

杨楠:《论商周时期原始瓷器的区域性特征》,《文物》2000 年第 3 期。

杨楠:《商周时期江南地区土墩遗存的分区研究》,《考古学报》1999 年第 1 期。

张国硕:《小双桥商代遗址的性质》,《殷都学刊》1992 年第 4 期。

张应桥:《关于山东滕州前掌大 M3、M4 的年代问题》,《中原文物》2006 年第 2 期。

郑建明:《商代原始瓷分区与分期略论》,《东南文化》2012 年第 2 期。

中国硅酸盐学会:《中国古陶瓷论文集》,文物出版社,1982 年。

中国社会科学院考古研究所:《殷墟的发现与研究》,科学出版社,1994 年。

周仁、李家治、郑永圃:《张家坡西周居住遗址陶瓷碎片的研究》,《考古》1960 年第 9 期。

朱剑、王昌燧等:《商周原始瓷产地的再分析》,《南方文物》2004 年第 1 期。

邹厚本:《江苏南部土墩墓》,《文物资料丛刊》6,文物出版社,1982 年。

后　记

　　本书得以出版,首先要感谢我的两位恩师。我对印纹硬陶和原始瓷器的关注在硕士阶段便已开始。2010年我成为张昌平先生的硕士研究生,对于毕业选题张老师建议由自己探索。这对于初入考古门路的我虽是挑战但无疑助益良多。彼时正在阅读原始瓷器产地研究的文章,貌似"简单"的问题却引来诸多争论,这也引起了我的兴趣。与张老师商讨以后,决定先以北方地区商时期的材料为中心撰写硕士论文。严格来讲,这应当也是我真正开展一项考古研究的开始。

　　硕士论文的写作中,从方法、思路到语言、逻辑,张老师均给予我极大帮助。当论文成稿时,虽不甚理想,但也让我隐约窥见考古的门路。硕士毕业后,我考入北大跟随徐天进先生继续学习商周考古。徐老师建议我从资源的视角考量南北的文化互动,除了印纹硬陶和原始瓷器外,应在大的文化背景下思考铜料等其他资源在南北交流中的意义。因此,我在博士期间的研究是以"资源与社会"为主题,以铜料、铜器等重要资源为核心。对于印纹硬陶和原始瓷器的研究仅作为参考,来完善和补充资源、文化交流体系。在硕士论文的基础上,我又结合南方地区商时期的材料来论述北方材料的产地问题。循着同样的思路,对于西周时期的研究,我也先对北方材料做了系统梳理,再结合南方材料讨论产地。如此,前后共陆续写成四篇文章,基本完成了对北方地区商周时期印纹硬陶和原始瓷器的全面梳理。这四篇文章也构成了本书的主体内容,本着精简的原则,书中并未做过多的内容扩充。在徐老师的帮助下,本书最终得以出版,虽远未达到老师的期待,但也算为这一阶段的工作做个简短总结。感谢师妹张亚莉在编辑书稿中所付出的诸多努力。唯有砥砺前行,才不辜负师友期望。

　　由于笔者能力不足,又缘于诸多客观条件的限制,本书缺憾较多。笔者的本意是根据考古学分析结果设计系统的选样标准,对各地材料分时段、分区域、分类型地进行采样,结合科技手段进行研究。同时对器物进行细致观察,将制作工艺等因素纳入研究中。但这些角度的研究都未能实现。

　　另外,本书提出的个别观点也属推测性意见,有待考古材料的证实。但相较于具体学术观点的正确与否,一项研究更重要的意义或许在于是否能在思路与方法上对相关研究有所帮助。若这本小书能对考古学中的器物研究起到点滴的积极意义,便也达成笔者的初衷。书中或有疏谬之处,敬请方家指正。

图书在版编目（CIP）数据

金道瓷行：商周时期北方地区印纹硬陶和原始瓷器
研究／黎海超著. —上海：上海古籍出版社，2018.8
ISBN 978-7-5325-8821-3

Ⅰ.①金… Ⅱ.①黎… Ⅲ.①几何印纹陶—研究—中
国—商周时代②原始瓷器—研究—中国—商周时代 Ⅳ.
①K876.34

中国版本图书馆 CIP 数据核字（2018）第 083455 号

金 道 瓷 行
——商周时期北方地区印纹硬陶和原始瓷器研究

黎海超 著

上海古籍出版社出版发行

（上海瑞金二路 272 号 邮政编码 200020）

（1）网址：www.guji.com.cn

（2）E-mail：guji1@guji.com.cn

（3）易文网网址：www.ewen.co

上海颛辉印刷厂印刷

开本 787×1092 1/16 印张 11.5 插页 2 字数 199,000
2018 年 8 月第 1 版 2018 年 8 月第 1 次印刷
印数：1-1,300
ISBN 978-7-5325-8821-3

K·2481 定价：78.00 元

如有质量问题,请与承印公司联系